박상익 朴相益

번역하는 인문학자. 1953년 청주에서 태어났다.
번역을 통한 한국어 콘텐츠 확충의 중요성에 대한
우리 사회의 무관심과 몰이해가 21세기 한국의 앞날에
걸림돌이 되리라는 암울한 전망과 대안을 담은 저서
『번역은 반역인가』로 한국출판평론상을 수상했다.
우석대학교에서 서양사를 강의하면서 인문사회과학대학
학장을 지냈다. 역사·문학·종교의 학제 연구에 관심을 갖고
저술 및 번역을 하고 있다.
17세기 영국의 시인이자 혁명가인 존 밀턴의 탄생
400주년을 맞아 『밀턴 평전: 불굴의 이상주의자』를 썼고,
밀턴의 대표 산문인 「아레오파기티카」를 완역하고
주석을 단 연구서 『아레오파기티카: 언론자유의 경전』을
지었으며, 서양사를 통해 한국 현실을 돌아보는 역사 대중서
『나의 서양사 편력 1·2』, 구약 예언정신의 핵심을
정의로 파악한 『성서를 읽다: 역사학자가 구약성서를
공부하는 법』을 출간했다.
『서양 문명의 역사 1·2』, 『나는 신비주의자입니다:
헬렌 켈러의 신앙고백』, 『호메로스에서 돈키호테까지』,
『뉴턴에서 조지 오웰까지』, 토머스 칼라일의
『영웅숭배론』과 『의상철학』, 『러셀의 시선으로 세계사를
즐기다』, 『새로운 서양 문명의 역사(상)』 등을 옮겼다.

번역청을 설립하라

한 인문학자의
역사적 알리바이

박상익 지음

번역청을 설립하라

유유

(영어를 국어로 삼을 경우) 영어를 제 것으로 만들기란 어려운 일이니까, 일반 대중과 엘리트의 언어 두 개가 생겨나고, 중요한 일을 모두 영어로 처리하게 되면 영어를 쓰는 엘리트만이 국사國事를 담당하게 된다. 결국 대중은 국사에서 소외당할 것이다.

— 바바 다쓰이馬場辰猪, 『기초일본어 문법』An Elementary Grammar of the Japanese Language with Easy Progressive Exercises (1873)

나는 '옮긴이의 글'을 원칙적으로 책의 맨 앞에 둔다. 많은 번역자가 겸양의 뜻으로 '옮긴이의 글'을 '역자 후기' 형식으로 맨 뒤에 두기도 하지만 나는 이런 관행에 동의하지 않는다. '옮긴이의 글'은 그 책을 한국 독자에게 처음 소개하는 가교 역할을 한 번역자로서의 책임감과 자존심을 표명하는 것이라고 보기 때문이다. 번역자의 손길을 거치지 않을 경우, 수많은 외국 서적은 (극소수의 전문가를 제외한) 일반 독서 대중에게는 사실상 '존재하지 않는 것'이나 다름없다. 적어도 이런 의미에서 번역자는 '무'無에서 '유'有를 창조하는 직분에 종사하고 있는 것이다.

— 박상익, 『번역은 반역인가』(2006)

머리말: 영어로 읽을 수 있는데 왜 번역해?

현재 한국 정부가 지원하는 유일한 국외 고전번역 사업은 한국연구재단의 '명저번역지원사업'이다. 나는 2006년에 출간한 『번역은 반역인가』(푸른역사)에서 당시의 명저번역지원사업의 1년 예산이 17억 원이라고 지적하고 '강남 아파트 한 채 값'에 불과하다고 탄식한 적이 있다. 다행히 2011년에는 무려(!) 24억 원까지 규모가 확대되었다.

'새 발의 피' 수준 지원금

하지만 그걸로 끝이었다. 2012년과 2013년엔 아예 신규 과제 모집을 중단해 버렸다. 다행히 2014년부터 2017년까지는 매년 10억 6,300만 원이 지원되었다. 불행 중 다행이라고나 할까. 전멸은 면한 셈이다. 하지만 2011년 24억 원의 절반에도 미치지 못한다. 대대적으로 증액을 해도 시원찮을 판에 반 토막으로 축소된

구분	지원 예산
2013	총예산: 10억 6,300만 원 신규: 없음 계속: 1억 원(6과제) 출판 지원금 및 번역권 체결비: 9억 6,300만 원
2014	총예산: 10억 6,300만 원 신규: 5억 원(12과제 내외) 계속: 없음 출판 지원금 및 번역권 체결비: 5억 6,300만 원
2015	총예산: 10억 6,300만 원 신규: 3억 원(10과제 내외) 계속: 3억 2,400만 원(14과제) 출판 지원금 및 번역권 체결비: 4억 3,900만 원
2016	총예산: 10억 6,300만 원 신규: 2억 7,900만 원(21과제) 계속: 2억 8,100만 원(16과제) 출판 지원금 및 번역권 체결비: 5억 300만 원
2017	총예산: 10억 6,300만 원 신규: 3억 원(21과제 내외) 계속: 4억 1,500만 원(23과제 이내) 출판 지원금 및 번역권 체결비: 3억 4,800만 원

(출처: 한국연구재단 홈페이지)

것이다. '강남 아파트 한 채 값'에서 '전셋값'으로 추락한 셈이다.

명저번역지원사업은 한국연구재단의 전신인 한국학술진흥재단을 통해 1998년에 처음 시작되었다. 2015년까지 18년간 396종 696권(2015년 1월 기준)의 고전이 번역됐다. 나 역시 토머스 칼라일의 『영웅숭배론』(한길사, 2003)과 『의상철학』(한길사, 2008) 등 두 건의 과제를 맡아 출간한 경험이 있다.

명저번역지원사업의 예산과 과제 수는 왜 줄고 있는 것일까. 주무 기관인 한국연구재단이 예산을 어떻게 확보하는지를 봐야 한다. 한국연구재단은 지원사업의 칼자루를 쥐고 있는 기획재정부와 교육부가 결정한 예산을 넘겨받아 이 사업을 운영한다. 『한겨레신문』 김지훈 기자의 취재에 따르면, 한국연구재단 관계자는 예산 축소 이유를 이렇게 설명했다고 한다.

교육부는 예산 협의 과정에서 예산을 동결하자고 했으나, 명저번역지원사업에 대한 이해가 없던 기획재정부는 '학자들이 영어로 읽을 수 있는데 굳이 예산을 들여 번역을 할 필요가 있느냐'는 논리를 폈다. '이만큼 사업을 했으면 웬만한 고전은 대부분 번역된 것 아니냐'

고도 했다.

—『한겨레신문』 2015년 3월 4일 자

교육부는 그나마 현상 유지라도 하려고 했는데 돈줄을 쥐고 있는 기획재정부가 그마저 거부하고 축소했다는 이야기다. 현재 한국연구재단이 운영하는 '국가과학자' 사업은 과학자 열 명을 선정해 한 명당 매년 15억씩, 최장 10년간 연구비를 지원한다(과학자 1인당 최대 150억까지 받을 수 있다). 과학자 1인에게 매년 15억씩 지원하면서, 명저번역사업 지원금은 인문학자 수십 명의 수령액을 모두 합친 게 고작 10억이다. 지원 규모가 한심할 정도로 약소하다. 그야말로 '새 발의 피' 수준이다.

모국어만으로도 노벨상을 탈 수 있어야

2006년 『번역은 반역인가』를 펴낸 내가 같은 주제의 책을 12년 만에 다시 쓰게 된 이유는 무엇일까. '학자들이 영어로 읽을 수 있는데 굳이 예산을 들여 번역을 할 필요가 있느냐', '이만큼 사업을 했으면 웬만한 고전은 대부분 번역된 것 아니냐'고 돈줄을 끊어 버린 기획재정부 관료의 논리에 답변을 제시할 필요가 있다고 판단했기 때문이다. 그 관료의 논리는 한국 사회의 주류 엘리트 집단이 광복 이후 일관되게 견지해 온 것인데, 이 고정관념을 깨뜨리지 않으면 대한민국의 미래는 암울하리라고 판단하기 때문이다.

이 책은 2006년 『번역은 반역인가』 출간 후 신문, 잡지 등 각종 매체에 기고했던 글들을 가려 뽑아 다듬은 것이다. 나는 지난 12년 동안 이 책이 용도 폐기되기를 간절히 바랐다. 번역청이 설치되고 정부 주도로 번역 사업이 대대적으로 시행되어 내가 『번역은 반역인가』에서 주장한 내용이 흘러간 옛이야기로 치부되기를 원했다. 하지만 현실은 오히려 뒷걸음질 치고 있는 중이다. 사태는 악화일로다. 다시 나서게 된 이유다.

한 가지 밝혀 둔다. '번역청'이라 했지만 굳이 이 이름이 아니어도 상관없다. '국립번역원'도 좋고 '번역위원회'도 좋다. 다시 말해 번역을 '시장'에 맡겨선 곤란하다는 것이다. 번역은 이 나라의 문화를 꽃피우기 위한 사회간접자본(인프라)이다. 국가 백년대계를 세우겠다는 자세로 정부가 적극적으로 개입하기를 바란다. 전 세계의 고급 지식을 남김없이 우리말로 번역하는 그날이 오기를, 모국어만으로 세계 수준의 학문적 성취를 이룩하고 나아가 노벨상까지 탈 수 있는 날이 오기를 바란다. 그리하여 한국이 문화 선진국의 반열에 오르고 온전히 지식 민주화를 이루기 바란다. 인터뷰 기사 전재를 흔쾌히 허락해 준 장동석 님, 자료 입수에 큰 도움을 준 박종석 님에게 감사드린다. 출판업이 끝없는 불황의 나락으로 떨어지고 있는 어려운 시기에 이 책의 출간을 제안해 준 유유의 조성웅 대표에게 감사드린다.

모국어와 민족 이상

18세기까지 영국에서는 라틴어가 학문의 공통어로 군림했다. 기껏해야 '지방어'에 불과한 영어 따위는 위대하고 복잡한 사상을 표현할 수 없다고 생각하는 사람이 절대다수였다. 영어가 라틴어의 자리를 감히 넘볼 수 없다는 의견이 대세였다.

물론 선각자도 있었다. 머천트테일러스학교의 교장을 지낸 교육 사상가 리처드 멀캐스터(1531-1611)는 모국어 사용을 강력하게 주장했다. 그는 1582년에 말했다. "나는 로마가 좋다. 그러나 런던은 더욱 좋다. 이탈리아가 마음에 들지만 영국은 더욱 좋다. 나는 라틴어를 존중하지만 영어는 숭배한다." 멀캐스터는 영어의 표현력에 한계가 있다는 당시의 통념을 거부하고 "영어만큼 힘차면서 평이하게 모든 주장을 펼 수 있는 언어는 없다"고 강력하게 주장했다. 그의 주장은 한 세대 뒤 등장한 대문호 셰익스피어(1564-1616)에 의해 입증됐다.

모국어에 애정과 신념이 있었지만 멀캐스터는 현실

의 한계 또한 잘 알고 있었다. 국제무대에서 영어는 라틴어와 경쟁할 수 없었다. 그래서 그는 말했다. "우리 영어가 미치는 범위는 넓지 않다. 우리나라 섬들에만 국한된다. 게다가 우리나라는 다른 나라를 지배하면서 영토를 넓혀 나가려는 제국이 아니다." 멀캐스터는 300년 후 그의 조국이 '해가 지지 않는 제국'이 되리라고는 꿈도 꾸지 못했던 것이다.

우리 사회의 엘리트 중에서도 멀캐스터 시대의 영국인처럼 한국어의 한계에 불만을 표하면서 '한국어 따위'가 감히 영어의 자리를 넘볼 수 없다고 생각하는 이가 적지 않다. 하지만 긴 호흡으로 100년, 500년을 내다보면 패배주의에 사로잡힐 이유가 없다.

난민의식에 젖은 엘리트 집단

한 나라의 엘리트 집단이 자신의 정체성을 규정짓는 방식은 둘로 나눌 수 있다. 자신을 미래 비전을 가진 국가의 '시민'으로 보는가, 아니면 뿌리 뽑힌 '난민'으로 보는가 하는 것이다. 난민은 거주지인 난민촌을 영속적인 곳으로 보지 않는다. 일단 유사시엔 미련 없이 다른 곳으로 떠나면 그만이다. 하루살이처럼 당대에만 잘 먹고 잘살면 그것으로 끝이다. 소속집단에 애정이나 시민적 의무감, 장기적 비전이 있을 리 없다. 겉모습이야 번지르르하지만 한 꺼풀 벗기고 보면 '막살기'가 이들의 특징이다.

'시민'과 '난민'은 모국어에 다가가는 접근법도 엇갈린다. 시민다운 접근법의 모범은 19세기 일본에서 찾아볼 수 있다. 서양 문명을 접한 일본 엘리트들은 메이지유신(1868) 직후 정부 내에 번역국을 설치, 대대적인 번역 사업을 수행해 전 세계의 고급 지식을 모든 국민이 모국어로 읽을 수 있도록 했다.

멀캐스터가 영어에 가진 애정과 신념, 일본이 번역에 쏟은 정성의 반이라도 한글에 쏟아 보자. 우리도 모국어에 대한 장기적 비전을 갖자. 공허한 한글 찬양은 접어 두고 모든 국민이 한국어만으로도 전 세계의 고급 지식을 습득할 수 있도록 한국어 콘텐츠 확충을 위해 구체적 노력을 기울이자. 이것이야말로 실용이다.

준비된 오리만이 백조로 변신할 수 있다. 우리가 지금 어떻게 하는가에 따라 21세기가 저물기 전에 한국어 해독 능력만으로도 노벨상을 받을 수 있다. 100년, 300년 뒤 한국어가 영어의 위상을 넘보지 말란 법도 없다. 오르지 못할 나무는 쳐다보지도 말라고? 그러면 이렇게 반문하겠다. 모국어에 대한 그만한 포부와 비전도 없는 공동체를 '국가'라고 부를 수 있느냐고.

잉글랜드의 교육 사상가 리처드 멀캐스터는 모국어 사용을
강력하게 주장했다. '나는 로마가 좋다. 그러나 런던은
더욱 좋다. 이탈리아가 마음에 들지만 영국은 더욱 좋다.
나는 라틴어를 존중하지만 영어는 숭배한다.' 멀캐스터는
영어의 표현력에 한계가 있다는 당시의 통념을 거부하고
'영어만큼 힘차면서 평이하게 모든 주장을 펼 수 있는
언어는 없다'고 강력하게 주장했다. 그로부터 수백 년이 지나
영어는 세계어로 자리 잡았다.

조선말 수업에 반발한 제1고보 수재들

일제강점기 기독교 민족주의자 김교신(1901-1945)
은 함흥공립농업학교를 졸업하던 무렵 3·1운동에 가담
했다가, 쫓기듯이 일본 유학길에 올라 부산항에서 연락
선에 오른다. 김교신이 현해탄을 건너던 연락선 갑판을
구르며 "나는 아무래도 조선인이다"라고 부르짖었다는
이야기는 널리 알려져 있다. 일본으로 향하던 식민지 조
선 청년 김교신은 "불공·대천不共戴天의 철심鐵心"을 품고
동해를 건넜다고 일본행 당시의 심경을 술회했다.

동경고등사범학교(우리로 치면 서울대학교 사범
대학에 해당) 지리박물과(지리와 생물 전공)를 졸업한
그는 1928년부터 양정중학교 교사로 근무한다. 그는
1940년 3월 사직했다가 1940년 9월경 다시 교직에 복
귀한다. 대가족을 거느린 가장이었기에 복직 배경에는
경제적 이유가 있었던 것으로 보인다. 재취임한 학교는
서울의 제1고등보통학교(현 경기고등학교, 이하 제1고보)였다.
이 학교 교장 이와무라 도시오가 길을 열어 주었다. 이

와무라는 동경고등사범학교 지리박물과 출신으로서 김교신의 직계 동문 선배였다. 모처럼 재취임했지만 김교신은 불과 반년 만에 학교를 사임한다. 가장 큰 이유는 김교신이 일제의 동화정책을 완강하게 거부했기 때문이다. 그는 조선 민족의 자존심을 끝까지 지키려 했다. 이것이 얼마나 위험한 일이었는지는 김교신 본인도 잘 알고 있었다.

조선말 수업에 항의하는 조선인 학생들

당시에는 공식적인 장소에서 조선말을 사용하는 것이 엄격히 금지되었다. 당연히 수업도 일본말로 해야만 했다. 그러나 김교신은 끝끝내 조선말로 수업을 진행했다. 당연히 교내에서도 문제가 되어 이와무라 교장을 난처하게 만들었다. 심지어 조선인 학생 중에도 조선말 수업에 반발하는 자가 있었다. 누구보다 조선인으로서의 자존심이 강했던 김교신은 분명한 태도로 동화정책에 동조하는 학생들과 대치했다. 진정한 조선 사람으로서의 긍지를 지키려면 제1고보를 떠날 수밖에 없었다. 이와무라에게 더 이상 누를 끼칠 수도 없었다.

김교신은 1944년 7월부터 흥남 질소비료회사에서

근로계장으로 있으면서 조선인 근로자 3,000여 명을 돌보던 때에도 일본어 상용常用 지침을 무시하고 조선말을 사용했다. 흥남 시절 김교신을 곁에서 돕다가 임종 때까지 병간호를 맡았던 의사 박춘서는 1945년 3월 30일자 일기에 "아침 정각 조회 시간에는 김 선생께서 우리말로 훈화를 하셔서 일어 상용인 이즈음에 다른 별천지를 느끼게 하였다"고 썼다. 별세하기 한 달 전까지도 그의 모국어 사랑은 흔들림이 없었다. '망하면 망하리라'의 심정이 아니었을까. 김교신은 조국 광복을 넉 달 앞둔 1945년 4월 25일 세상을 떠났다.

제1고보 재직 당시 김교신에게 대든 조선인 학생들이 누구였을까 상상해 본다. 조선 최고의 수재들이 입학하는 제1고보이니, 광복 후 이 나라의 정책을 좌지우지하는 엘리트로 성장했을 것이다. 아마 미국 유학을 다녀와서 영어도 곧잘 했을 것이다. '오렌지'가 아니라 '어린 쥐'라고 하는 게 정확한 영어 발음이라고 강조했을지도 모른다. 한국어의 열등함을 절감하면서 영어를 공용어로 삼아야 한다는 주장을 펼쳤을지도 모르겠다.

모국어를 부끄럽게 여기는 수재들

광복 70년을 돌이켜 보면 우리나라는 한국어를 부끄럽게 여기는 '수재들'이 주도해 왔다. 지금도 그들이 이 나라의 상층부에서 엘리트 기득권자로 행세하고 있다. 김교신이 그리던 광복 조국의 모습은 아니다. 하지만 세상이 상식과 정도正道에서 멀리 벗어날수록 김교신의 삶은 더욱 빛을 발한다. 세상이 혼탁하고 염치없이 흘러갈수록 김교신이 실천으로 보여 준 올곧은 삶은 길이길이 후학들의 귀감이 되기 때문이다.

김교신은 조국이 일제의 침략에 유린당해 비참한 처지에 놓인 가운데서 맹목적인 자학에 빠지기 쉬운 다감한 청년들이 우리의 지리와 역사를 통해 민족적 긍지와 포부를 가져 줄 것을 소망했다. 『성서조선』 제62호(1934년 3월)에 「조선지리소고」朝鮮地理小考라는 논문을 쓴 것도 이러한 동기에서였다. 그는 이 글에서 조선 지리를 지정학적인 면에서 고찰한다. 그리고 "조선 역사에 영일寧日(걱정 없이 편안한 날)이 없는 이유는 한반도가 동양 정국의 중심임을 여실히 증거한다"고 주장하고, 이렇게 결론을 맺는다.

동양의 범백凡百 고난도 이 땅에 집중되었거니와, 동양에서 산출해야 할 바 무슨 고귀한 사상, 동반구의 반만년의 총량을 대용광로에 달이어煎 낸 정수精髓는 필연코 이 반도에서 찾아보리라.

─노평구, 『김교신 전집』 1권(2001), 64쪽

식민지 조선의 한 구성원으로서 비루한 현실에 굴복하지 않는 것은 물론, 민족의 미래에 대한 이상이 활활 타오르고 있는 모습을 볼 수 있다. 김교신은 일생, 교사 시절은 물론, 후일 흥남 공장에 근무할 때까지도 늘 서재에 대형 한국 지도를 걸어 놓고 생활했다. 김교신을 가까이에서 지켜본 사람들은, 김교신이 늘 지도를 보면서 무언가를 골똘히 계획하는 것 같았다고 증언한다.

20세기 전반, 이 땅에는 지정학적 숙명론이 팽배해 있었다. 우리나라는 극동의 변방, 강대국 사이에 놓인 반도라는 지리적 조건 때문에 어쩔 수 없이 끊임없이 외세에 시달리고 나라를 빼앗길 수밖에 없다는 체념적 생각이다. 강자에 의해 강요된 식민사관의 일종이다. 이완용, 윤치호, 최재서 등 허다한 관료, 지식인이 이 숙명론을 받아들이고 일제의 지배에 순응했다. 그러나 김교신은 격렬한 반론을 제기한다. 그의 주장에 따르면 한반도는 극동의 심장이며, 동양이 산출해야 할 가장 고귀한 사상을 키워 낼 터전이다. 한반도는 어쩔 수 없이 당해야 하는 숙명론의 근거이기는커녕, 우리 민족이 웅비할 기회의 땅이라는 것이다.

불혹의 김교신. 그는 1940년 가을 서울 제1고보에서
학생들을 가르쳤다. 당시는 수업도 일본말로 해야만 했다.
그러나 김교신은 끝끝내 조선말로 수업을 진행했다.
당연히 교내에서 문제가 되었다. 심지어 조선인 학생
중에서도 조선말 수업에 반발하는 자가 있었다.
조선인으로서의 자존심이 강했던 김교신은 분명한 태도로
동화정책에 동조하는 학생들과 대치했다.

번역청 설립, 서둘러야 한다

철학자 김재인 박사는 2014년 12월 들뢰즈의 『안티 오이디푸스』를 번역·출간했다. 프랑스어 원서 500쪽, 한글 번역본 700여 쪽에 달하는 책을 번역하는 데 10년이 걸렸다고 했다. 『안티 오이디푸스』는 인문서로는 근래 보기 드물게 2,000부를 찍었다. 출판 시장의 극심한 불황으로 인문서가 500부 단위로 출간되는 상황에서 '이례적'이다. 출판을 맡은 곳은 인세도 제때 잘 주고 부당 계약도 맺지 않았다. 말하자면 『안티 오이디푸스』 번역본은 꽤 좋은 조건에서 출판된 셈이다.

그러나 10년 세월을 바친 번역자에 대한 대우는 허술하다. 아니, 처참하다. 정가 33,000원에 세금 공제 전 금액으로 인세 330만 원을 받는다. 즉 10년에 330만 원을 번 것이다. 언어능력은 물론이고 해당 분야에 대한 고도의 학문적 역량을 지닌 최고 수준 전문가의 10년 노고에 치르는 대가가, 중소기업에 다니는 대졸 신입의 두 달 치 월급에 미치지 못한다. 누가 봐도 분명 정상적인 상황은 아니다.

학위 논문 절반 이상이 번역으로
채워지고 있는 선진국 대학원

학계에선 번역을 학문적 업적으로 평가해 주지도 않는다. 한국연구재단과 대학의 업적 평가에서 번역은 점수가 아예 없다. 이 점은 한국 대학 사회의 주류를 이루는 학자들이 유학했던 미국이나 유럽 대학의 상황과 크게 다르다. 동양철학자 김용옥 교수는 자신이 박사학위를 받은 하버드대학교의 경우 동양학과 관계된 박사학위 논문의 반 이상이 번역으로 점유되고 있다고 밝혔다. 지난 100년 동안 우리가 그들을 배운 태도보다 그들이 우리를 배운 태도가 훨씬 더 철저하고 치밀했다는 것이다. 그의 말을 어떻게 부정할 수 있겠는가. 번역이야말로 외국학 연구에서 가장 먼저 행해야 할 기초공사다.

독일도 사정은 마찬가지다. 튀빙겐대학교 한국학과 교수를 지낸 역사학자 백승종의 말은 김용옥의 지적과 일치한다. 독일 대학에서도 한국학 전공 석사·박사학위 논문의 절반 이상이 번역으로 채워지고 있다는 것이다. 당연히 그것은 철저한 역주와 해제가 곁들여진 연구 번역이다. 실제로 최계우의 「안심가」安心歌, 『고려사』의 「성황당신앙」城隍堂信仰 관련 부분에 대한 연구 번역으로 석사학위 논문이, 김인후의 『백련초해』百聯抄解 연구 번역으로 박사학위 논문이 작성됐다. 이는 프랑스도 다르지 않다.

미국과 유럽에서 외국학 전공의 석사·박사학위 논문 절반 이상이 번역으로 점유되고 있다면, 우리의 경우는 어떠해야 할까. 그들에게 동양학이 외국학이듯, 우리에게는 서양학이 외국학이다. 그들이 동양 연구를 번역으로 시작하는 것처럼 우리 또한 서양 연구에 번역으로 접근하는 것이 정상이다. 그들이 외래 문명을 자국어로 번역해 자국의 지식과 정보를 확충하고 있듯이, 우리 또한 세계의 지식을 우리의 모국어로 번역해 축적하는 것이 상식 아닐까.

1년에 364일 한글을 저주하는 나라

그리스 신화 속 거인 안타이오스는 대지의 여신 가이아의 아들이다. 그는 자신의 발이 어머니인 대지에 닿아 있는 한 문자 그대로 천하무적이다. 헤라클레스는 그와 대결하게 되었을 때 꾀를 내어 안타이오스를 번쩍 들어 올리고는 공중에서 목을 졸라 죽여 버렸다. 발이 땅에서 떨어진 안타이오스는 이미 통나무같이 무력한 존재였다. 비유하자면 서구의 동양학 연구는 자신의 대지에 발을 딛고 있고, 우리의 외국학 연구는 발이 땅에서 들려 있다. 21세기는 지식정보사회라고 말은 요란하지만, 우리 모국어 콘텐츠는 서양과 비교해 나날이 수척해지고 있다. 뿌리 뽑힌 지식인, 근본 없는 대학교수 그리고 그들과 한 몸인 관료들이 우리 학계와 문화계의 주류를 이루고 있다. 한국 땅에서 한국 학생 등록금으로 먹고사는 자들이 모국어에 터럭만큼의 애정도 보이지 않는다. 모국어에 대한 학대가 아니고 무엇이란 말인가. 1년 중 한글날 하루만 한글을 찬양하고 나머지 364일은 사실상 저주를 퍼붓는, 세종대왕의 '아주 특별한 자손들'이다.

세종대왕이 지금 살아온다면

해마다 10월이 되면 언론 매체들은 앞다투어 한글 찬양 기사를 쏟아 낸다. "영어, 프랑스어와 달리 한글은 쉽게 배울 수 있는 독특한 언어다. 한글 읽기를 깨치는 데는 하루면 족하다. 한글은 매우 과학적이며 의사소통에 편리한 문자다."

마치 도돌이표라도 붙어 있는 듯 해마다 반복되는 말이다. 나는 모국어의 미래에 관심과 애정을 가진 사람으로서 이런 공허한 기사를 접할 때마다 불편한 심정을 금할 길이 없다. 지겹기까지 하다. 물론 한글은 과학적으로 대단히 우수하다. 그걸 누가 부인하겠는가. 해외의 저명 언어학자들도 한글의 과학적 우수성에 토를 달지 않는다. 하지만 해마다 때만 되면 염불 외듯이 한글이 다른 문자보다 과학적이고 편리하다는 걸 자랑하는 것은 낯간지러운 일이다. 한글이 우수한 것은 지극히 당연한 일이기 때문이다.

한글 과학성 예찬, 식상하다

한글의 역사를 살펴보자. 한글은 세종대왕 치세인 1446년에 반포되었다. 발명되어 사용하기 시작한 지 600년이 채 안 된 글자다. 일본의 '가나'假名는 나라 시대 말기에서 헤이안 시대 초기(8–9세기), 일본에 불교가 왕성하게 일어나던 시대에, 승려들이 불전을 연구할 때 한자의 약호로 사용한 것이 시초라 한다. 한글보다 대략 600년 전부터 사용되기 시작했다.

서양 각국어 문자의 원형이 된 그리스어 알파벳은 그리스인이 페니키아인에게서 받아들여 발전시킨 것이다. 저 유명한 호메로스의 서사시 『일리아스』와 『오디세이아』는 기원전 13세기에 벌어진 트로이전쟁 이야기인데, 이 이야기는 수백 년 동안 음유시인들에 의해 대대로 입에서 입으로 구전되어 내려왔다. 당시만 해도 그리스인은 문자를 갖고 있지 않았기 때문이다.

'그 방대한 분량을 한 사람이 머릿속에 다 기억하는 게 가능한가' 하는 의문이 생길지도 모른다. 고전 번역자 천병희 교수 번역으로 『일리아스』는 약 840쪽, 『오디세이아』는 약 670쪽에 달한다. 디지털 기기가 발달해 부모·형제나 가까운 친구의 전화번호도 외우지 못한 채 살아가는 요즘 기준으로는 이걸 다 암기한다는 게 믿겨지지 않는 것이 사실이다. 하지만 박동진 명창(1916-2003)이 판소리 『춘향가』를 여덟 시간이나 걸려 완창했음을 감안하면, 방대한 서사시의 암송이 불가능한 일은 아니다.

트로이전쟁 이야기는 대를 이어 암송으로 전해지다가 기원전 750년경 그리스어 알파벳으로 기록되었다. 그리스인이 페니키아인에게서 받아들여 발전시킨 알파벳으로 맨 처음 기록한 작품이 호메로스의 『일리아스』와 『오디세이아』다. 서양 각국어의 문자는 거의 예외 없이 그리스어 알파벳을 원조로 하고 있다. 라틴어, 독일어, 영어, 프랑스어 등 약간씩 형태만 달리할 뿐 본질적으로 같은 알파벳을 채택하고 있다.

요컨대 우리 한글은 일본의 가나보다는 600년 뒤에, 서양어 알파벳보다는 무려 2,200년 뒤에 '발명'된 최신형 글자다. 1990년대에 사용되던 386 컴퓨터와 2010년대에 사용되는 i7 컴퓨터를 비교해 보자. 성능 차이가 엄청나다. 하지만 신형 컴퓨터가 구형 컴퓨터보다 성능이 뛰어난 것은 지극히 당연한 일 아닌가? 당연한 일을 찬양하는 건 공허하고 진부하다.

언어의 운명을 가르는 번역

'과학성'만이 한 언어의 필요충분조건인지는 생각해 볼 문제다. 과학적으로 우수하다고 해서 '경쟁력'도 우수하다고 단정 지을 수 없다는 말이다. 문자는 지식을 담는 그릇이다. 한글이라는 문자 체계로 기록된 문헌 자료가 얼마나 풍부한가에 대해 문제의식을 가질 필요가 있다. 다시 말해서 한글로 기록된 문헌만을 읽어도 전 세계의 고급 지식을 습득하는 데 지장이 없겠는가 하는 것이다. 이것이야말로 핵심이 아닐까.

제아무리 과학성이 우수하면 뭐 하겠는가. 읽을 책이 없는데. 고속도로 8차선 깔아 놓으면 뭐 하겠는가. 북한의 평양 거리처럼 자동차 없이 텅텅 비었는데. 21세기 글로벌 시대에 우리가 먼저 생각해야 할 것은 한글의 콘텐츠 문제다. 콘텐츠가 빈약한 문자 체계는 과학성이 우수하다 해도 빛 좋은 개살구, 속 빈 강정에 지나지 않는다. 그리고 콘텐츠 확충의 기본적 선행조건은 전 세계의 수많은 언어로 기록된 문헌들을 자국어로 번역하는 일이다.

모국어 콘텐츠 문제에 대해서는 시인 김수영(1921-1968)이 이미 1960년대에 신랄하게 문제를 제기한 적이 있다. 그는 1930년 이후 태어난 신세대 문학청년들(1960년대에 30대였던 문학청년들)을 '뿌리 없이 자라난 사람들'이라고 혹평하곤 했다. 일본어를 읽을 줄 모르는 까닭에 세계문학의 흐름에서 차단된 그들에게 가장 결핍된 것이 '지성'이라는 것이다. (물론 김수영은 영어에도 능했다.)

이게 대체 무슨 말일까. 1930년 이전에 태어난 한국인은 1945년 8월 15일 광복 이전까지 일본어를 '국어'로 상용하면서 중학교 과정을 마친 세대이다. 그들은 광복이 되자 식민지 조선인이 아닌 대한민국 국민으로서, 일본어가 아닌 한국어로 이후의 교육과정을 밟게 되었다. 신생 공화국인 대한민국에는 한글로 기록된 책이 절대적으로 부족했다. 하지만 그들에겐 난관을 돌파할 묘책이 있었다. 중학생 시절까지 '국어'로 배웠던 일본어가 그들의 무기였다. 그들은 익숙한 일본어로 독서를 하면서 철학, 문학, 역사, 사회과학, 법학 등의 분야를 공부할 수 있었다. '번역 왕국'으로 불리는 일본에서는 예나 지금이나 전 세계 각국의 주요 학문적 성과와 지식이 거의 부족함이 없을 정도로 일본어로 번역되어 있기 때문이다.

하지만 1930년 이후에 태어나 일본어를 제대로 익힐 기회를 갖지 못한 세대에게는 해독 가능한 언어가 한국어밖에 없었다. 미군점령기를 거치면서 영어가 일본어를 대신해 급속히 제1 외국어의 지위를 갖게 되었다. 하지만 한국어와 문법 체계가 판이한 영어를 습득하는 것은 대단히 어려웠고, 해방 직후의 궁핍한 혼란기에 영어로 쓰인 책을 구해 읽는 것은 더더욱 어려웠다. 일본어를 읽을 수 없게 된 문학청년들은 결국 세계문학의 흐름에서 떨어져 나와 '한국어'라고 하는 우물 속의 개구리 신세가 되고 말았다. 한국어라는 외딴섬에 갇혀 버린 것이다. 그러므로 김수영은 산더미같이 밀린 외국 고전을 우리말로 번역해 한국어 콘텐츠를 일본어 못지않게 늘리는 일이야말로 국운國運에 관계되는 문제라고 강조했다. 김수영의 시대에서 50년이 흐른 지금은 이 문제가 해소되었을까.

모국어만으로도 노벨상 타는 일본

역사학자 패트릭 콜린슨은 종교개혁 시대 유럽에서 번역이 각국어의 운명에 미친 영향을 이렇게 설명한다.

어느 곳에서나 자국어 성서는 문화적 민족주의 창달을 위해 무척 중요한 도구였으며, 특히 신교도에게는 더

욱 그랬다. 성서가 웨일스어로 번역되었다는 것(1588)
이 아마도 웨일스 언어와 문학이 (브리스톨과 리버풀
같은 영어 사용 도시와 인접해 있었음에도 불구하고)
살아남을 수 있었던 유일한 이유였을 것이다. 스코틀
랜드에서는 성서가 랠런어Lallans라는 저지低地 스코틀
랜드 방언으로 번역·인쇄되지 않았던 탓에 스코틀랜
드 문어文語의 지위가 낮아졌다.

— 이종인 옮김, 『종교개혁』(2013)

종교개혁 시대 최고의 읽을거리인 성서가 번역된
곳에서는 자국어(웨일스 언어)가 살아남았고, 번역이
안 된 곳에서는 자국어(스코틀랜드 문어)가 쇠락했다는
뜻이다. 번역이 자국어의 흥망을 결정짓는 중대 변수임
을 보여 주는 역사적 사례라 할 수 있다.

번역은 자국어의 흥망뿐 아니라 한 나라의 학문 수
준에도 결정적 영향을 미친다. 일본과 한국을 비교해 보
면 금세 답이 나온다. 노벨물리학상 수상자인 일본 교
토산업대학교의 마스카와 도시히데 교수는 "영어를 못
해 물리학을 택했다"고 농담할 만큼 영어와 거리가 먼
인생을 살았다. 대학원 시험 때 지도교수가 그의 외국
어 시험을 면제해 줄 정도였고, 평생 외국에 나가 본 적

이 없어서 여권도 없었다. 하지만 일본어밖에 할 줄 몰랐던 그는 2008년 노벨물리학상을 받았다. 스웨덴에서 열린 노벨상 수상 기념 강연에서는 "아이 캔 낫토 스피쿠 잉구릿슈"I cannot speak English라고 입을 뗀 후 일본말로 강연을 했다. 일본어만으로도 세계 최고 수준의 학문적 성취가 가능했음을 뜻한다. 과연 우리에게도 이런 일이 가능할까? 한글만으로도 세계 최고 수준의 지적 성취가 가능할까? 물론 불가능하다. 어림도 없다. 그 이유는 단 하나, 한국어 콘텐츠가 턱없이 부실하기 때문이다.

뛰어난 과학성, 빈약한 콘텐츠

뛰어난 과학성을 지녔음에도 한국어 콘텐츠는 빈약하기 그지없다. 한국어 자료만 읽어서는 제대로 된 논문 한편 작성할 수 없는 것이 엄연한 현실이다. 한글은 과학적으로 세계 최고의 우수성을 자랑한다. 도로에 비유하자면, 세계 최고 수준의 고속도로를 지었다면서 어쩌다 한 대씩 드문드문 자동차가 달리는 을씨년스러운 풍경, 그것이 우리 모국어의 현실이다.

우리는 세종대왕이 만든 최고 성능의 도로(한글)를 놓고 해마다 때만 되면 개구리 합창하듯 자랑하는 데

만 여념이 없었지, 그 도로에 수많은 자동차(콘텐츠)를 가득 채워 운행케 하지 못했다. 우리는 조상(세종) 자랑, 과학성 타령에 바쁜 나머지 이 시대에 마땅히 해야 할 일을 하지 못한 게으르고 못난 후손이 아닐까? 고가의 최신형 DSLR 카메라(한글)를 들고 폼 잡고 거들먹거리면서 막상 제대로 된 사진 한 장 찍을 줄 모르는 얼치기 아마추어 사진사, 그것이 우리의 모습이다. 이에 비해 일본은 다 낡아 빠진 필름카메라(가나)로 멋진 작품을 뽑아내는 노련한 사진가의 모습이다. '번역 왕국' 일본의 현주소다.

우리에게 당장 시급한 과제는 정부 주도의 번역 사업을 통해 한국어 콘텐츠를 대대적으로 확충하는 일이다. 한시바삐 번역청을 설치해야겠다. 번역청이 거슬린다면 국립번역원이라도 좋다. 명칭이 뭐가 되었든 국가 주도의 번역 전담 기구가 있어야겠다. 이 과제는 시장에 맡겨 놓아선 안 된다. 한국의 인구는 남한 기준으로 고작 5,000만 명이다. 일본 인구의 절반에도 못 미친다. 게다가 국민 1인당 독서율 역시 일본의 절반에도 못 미친다. 경제협력개발기구OECD 회원국 중 꼴찌 수준이다.

시장에만 맡길 수 없다

생물학자 최재천 교수는 1997년 「곤충과 거미류의 사회행동의 진화」 등을 영어로 발표하면서 세계적인 학자가 됐다. 이 때문에 일본 도쿄대학교 등에 강의를 다니곤 했다. 최 교수는 같은 분야를 공부하는 일본 센슈대학교의 하세가와 마리코 교수가 교양서 두 권 인세만으로 도쿄의 아파트를 구입했다는 얘기를 들었다. 최 교수는 "그 책은 완전한 대중서도 아니었고 진화생물학 교과서에 가까웠다. 일본에서 책이 얼마나 팔리는지, 그 덕에 좋은 책이 얼마나 더 많이 나오는지 알게 됐다"고 말했다. 최 교수가 쓴 책도 한국에서 꽤 팔린 편이다. 하지만 그가 받는 인세는 지인들에게 밥 한 번 사 주면 끝나는 정도라고 했다.

최재천 교수의 사례에서 분명히 알 수 있는 사실은, 일본에는 출판의 선순환 구조가, 한국에는 악순환 구조가 확립되어 있다는 것이다. 이런 식이라면 우리가 '극일'하기란 정말 어렵겠다는 생각이다. 그러니 맨날 '반일'이나 하면서 축구경기에서 일본을 꺾으면 우리가 일본보다 더 위대한 국가가 된 것처럼 기뻐 날뛰는 '정신승리' 위주로 갈 수밖에 없는 것이다.

우리의 독서 시장 규모는 매우 작다. 이런 형편에서 번역을 시장 기능에 맡기면 백년하청이다. 국가의 개입이 필요하다. 번역을 도로, 항만, 철도, 발전소, 통신 시설과 같은 사회간접자본으로 간주하는, 발상과 사고의 대전환이 필요하다. 한글만 읽고서도 노벨상을 탈 수 있는 수준으로 한국어 콘텐츠를 확충하겠다는 원대한 비전이 필요하다.

일본은 메이지유신 직후 정부 내에 번역국을 따로 두고 집약적으로 수만 종의 서양 고전을 번역했다. 그들이 19세기 말에 번역한 고전 가운데 아직도 한국어로 번역되지 않은 책이 부지기수다. 한국어 콘텐츠가 이토록 빈약한 지경에 놓여 있음에도, 국내 수많은 대학에서는 번역을 연구 실적으로도 인정하지 않고 있다.

후손들에게 못난 조상이라 욕먹을까 두렵다

지성인으로 자처하는 교수들이 번역에 접근하는 태도는 한심하기 그지없다. 번역을 왜 학문적 업적으로 인정해야 하느냐고 정색하고 반문하는 교수(?)를 본 적이 있다. 21세기 대한민국에 결여된 것, 꼭 채워야 할 것이 무엇인지에 대한 최소한의 인식마저 없기 때문이다. 한국인으로서의 정체성에 대한 고민이 없기 때문이다.

지금은 한글의 과학성만 뽐낼 게 아니라 그 안에 담을 콘텐츠를 풍부하게 해야 할 때다. 인문학 위기론이 팽배한 현시점에서 그나마 인문학 연구 인력이 가장 두터운 층을 형성하고 있는 세대는 40대와 50대다. 그 아래는 학문 후속세대의 단절이 우려될 정도로 '실용'에만 몰두하는 형편이다. 정부는 이 연구 인력이 더 늙기 전에 이들을 한국어 콘텐츠 확충을 위한 번역 사업에 대대적으로 활용해야 한다. 자칫 시기를 놓친다면 뒤늦게 사업을 추진하려 해도 마땅한 인력을 찾기 어려울 것이다.

만일 세종대왕이 지금 다시 온다면 조상 자랑, 과학성 타령이나 하고 있는 우리의 게으름을 엄히 꾸짖을 것만 같다. 당장 대대적인 번역 사업에 착수하라고 호통을 칠 것만 같다. 세종이 최고의 문자 한글을 발명했다면, 우리는 그 한글로 최고의 콘텐츠를 만들어 후손에게 전달할 책임이 있다. 역사의식이란 바로 이런 것이다. 세종에겐 세종의 할 일이 있었고, 우리에겐 우리의 할 일이 있다. 이걸 못 한다면 우리는 두고두고 후손들에게 못난 조상이라는 소리를 듣게 될 것이다.

못난 사람이 조상 탓한다는 말이 있다. 못난 사람이 '잘되면 내 탓이고 못되면 조상 탓'이라 한다는 것이다. 조상 탓을 해서는 안 된다는 뜻으로 해석이 가능하다. 하지만 이젠 발상을 바꿀 때가 되었다. 아무리 내 조상이라도 못난 것은 못났다고 비판해야 한다. 그래야 우리에게도 후손들에게 손가락질당할 것을 두려워하는 마음이 생기지 않겠는가. 한글을 제대로 활용하지 못한다면 우리 세대도 먼 훗날 못난 조상이란 후손들의 비난을 면치 못할 것이다.

마스카와 도시히데(1940-) 교수는 "영어를 못해 물리학을 택했다"고 농담할 만큼 영어와 거리가 먼 인생을 살았다. 대학원 시험 때 지도교수가 그의 외국어 시험을 면제해 줄 정도였고, 평생 외국에 나가 본 적이 없어서 여권도 없었다. 하지만 일본어밖에 할 줄 몰랐던 그는 2008년 노벨물리학상을 받았다. 일본어만으로도 세계 최고 수준의 학문적 성취가 가능했음을 뜻한다.

일본보다 128년 늦게 번역된 보수주의 경전

'정치철학으로서의 보수주의'의 창시자인 에드먼드 버크는 1729년 1월 12일에 태어났다. 사회주의의 대표 인물이 카를 마르크스라면 보수주의의 원조는 단연 버크다. 정통 보수주의는 버크가 1790년에 쓴 『프랑스혁명에 관한 성찰』에서 프랑스혁명에 대한 비판을 제기한 데서 출발했다. 근대의 이데올로기 가운데 보수주의만큼 한 사람의 사상에 의존한 정치사상도 없다. 버크 이후 오늘날까지 보수주의 정치사상은 버크의 사상을 세련되게 다듬고 확대한 것에 불과하다. 마르크스를 모르는 사회주의자가 있을 수 없다면, 버크를 모르는 보수주의자는 더더욱 있을 수 없다는 말이다.

버크의 보수주의는 18세기 계몽주의의 과도한 이성주의에 대한 반발로 출발했다. 그는 여러 세대에 걸친 인간 경험의 진수인 관행·전통·편견이, 한 세대나 한 개인의 추상적 이성보다 훨씬 깊은 지혜와 통찰력을 가지고 있다고 믿었다. 그가 프랑스혁명을 반대한 것도 혁명 세력이 인민주권이라고 하는 추상적 권리를 앞세웠기 때문이다. 그러나 버크는 전통 속에서 구체화된 자유는 전폭적으로 지지했다. 그는 1215년의 마그나카르타(대헌장)와 1688년의 명예혁명의 정당성을 인정했다. 그뿐만 아니라 종교개혁의 필연성을 받아들였다. 버크는 종교개혁의 성과를 논하면서, 때때로 혁명적인 방법에 의하지 않고는 제거할 수 없는 악과 폐해가 과거에 있었음을 인정하면서, 종교개혁의 혁명적인 과정이 역사 발전의 위대한 순간이었음을 인정했다.

　미국 독립혁명을 바라보는 버크의 태도는 보수주의에 대한 우리의 선입견을 산산조각 내 버린다. 그는 반란을 일으킨 자들은 아메리카 식민지인이 아니라 영국 정부라고 주장했다. 영국 정부는 영국인의 전통에 근거한 정당한 권리(대표 없이는 과세도 없다)를 배반했고, 식민지인은 영국인의 후예로서 자유를 사랑하는 영국인의 기질을 이어받았으므로 마땅히 영국적인 권리를 가진다는 것이다.

보수의 지적 게으름

『프랑스혁명에 관한 성찰』은 보수주의의 경전에 해당하는 문헌이지만 광복 이후 60여 년 동안 우리말 번역이 없었다. 비유하자면 그동안 한국의 보수는 '한글 성경 없는 기독교'였던 셈이다. 2009년 봄 진보 성향의 한 서양사학자가 국내 최초로 이 책을 번역·출간했다(이태숙 옮김, 한길사). 비유하자면, 이건 마치 불교 승려가 기독교 성경을 번역한 것과도 같다고 할 수 있다. 우리 사회의 척박한 지식 인프라와 보수의 지적 게으름을 동시에 확인해 준 '사건'이다. 일본은 메이지유신 직후인 1881년에 번역했다. 우리와는 무려 128년 격차다.

광복 이후 보수주의는 한국 정치사의 주류였다. 그런데 보수주의의 경전에 해당하는 고전 문헌이 일본보다 128년 늦게 번역되었다. 그 밖의 문헌들의 번역 실태가 어떤 지경일지 능히 짐작이 가지 않는가. 보수는 민족주의와 애국주의를 주요 덕목으로 삼는다. 모국어의 콘텐츠와 품질을 높이는 것만큼 보수주의에 어울리는 일도 없을 것이다. 이렇게 보면 광복 이후 70여 년 동안 한국의 보수주의는 민족적이지도 애국적이지도 않았다는 뜻이 된다. '보수'를 자처하는 세력이 가짜이기 때문일 것이다. 지나간 일을 탄식해 봤자 소용없다. 지금부터라도 번역을 통한 모국어 콘텐츠 확충으로 국가의 품격을 높이는 데 힘을 쏟아야 하겠다.

번역으로 역사 변혁의 스타 게이트를 열자

‘노예’ 하면 우리는 백인들이 흑인 노예들을 착취하는 모습을 떠올린다. 그러나 7세기부터 수백 년 동안 지중해 연안의 수많은 백인 남녀가 북아프리카 원주민에게 납치돼 노예로 살았다는 사실을 아는 사람은 많지 않을 것이다.

이슬람교는 622년을 기원 원년으로 삼는다. 그 후 이슬람 세력은 파죽지세로 세력을 팽창했다. 북아프리카를 휩쓴 후 8세기에는 이베리아반도까지 진출했다. 지중해 제해권도 그들의 것이었다. 이슬람 해적이 기독교 세계를 처음 습격한 것은 652년이다. 이집트 알렉산드리아를 출발한 이슬람 선박이 시칠리아섬을 약탈하고 800명이나 되는 백인 남녀를 납치해 알렉산드리아 노예시장에서 팔아 버렸다.

이슬람 침공에 두려워 떨던 유럽인

에스파냐 동해안, 남프랑스, 이탈리아 남부와 시칠리아, 코르시카와 사르디니아가 이슬람 선박들의 공격 대상이었다. 북아프리카에서 출항한 이슬람 선박들은 바다 건너 유럽에 바람처럼 쳐들어와 약탈하고 납치하고, 또 바람처럼 바다 저편으로 사라졌다. 말이 해적이지 상황에 따라 즉각 이슬람제국 정규 해군으로 편성되었다. 그 결과 이탈리아반도 주민들이 이슬람 해적에게 느끼는 공포는 부모에서 자식으로 전달되는 세습의 감정이 되었다. 마치 조선조 백성들에게 호랑이를 향한 두려움, 즉 호환虎患이 세습된 것처럼.

지중해에 면한 유럽 해안 지방 주민들이 취할 수 있는 자위 수단은 바다를 멀리 바라볼 수 있는 지점을 골라 망루를 세우고 이슬람 해적선을 한시라도 빨리 발견해 달아날 시간을 조금이라도 확보하는 것뿐이었다. 이탈리아어로 '토레 사라체노'(사라센의 탑)라고 부르는 이 망루는 지금도 지중해 바닷가 곳곳에 관광 유적으로 남아 있다.

납치되어 북아프리카에서 노예가 된 백인들을 구출하기 위한 단체가 설립되었다. 1197년 설립된 구출수도

회와 1218년 설립된 구출기사단이다. 둘 다 국경을 초월한 조직으로, 교황의 후원을 받았다. 후원금을 모금해 몸값을 치르고 백인들을 구출했다. 요즘으로 치면 국경없는의사회 또는 적십자 같은 단체다. 두 단체가 존속한 500년 동안 구출된 사람의 수는 모두 100만 명에 이른다고 한다. 구출되지 못한 사람까지 합치면 백인 노예는 수백만 명에 달했을 것이다.

지중해 제해권을 장악한 이슬람 문명은 군사력뿐 아니라 학문과 사상에서도 기독교 유럽을 압도했다. 이슬람 문명은 아리스토텔레스의 철학과 자연과학, 에우클레이데스(유클리드)의 수학, 프톨레마이오스의 천문학과 광학, 아르키메데스의 공학, 히포크라테스와 갈레노스의 의학 등 귀중한 그리스 고전 학문을 아랍어로 번역해 받아들였고, 여기에 그들 자신의 독창적 성과물을 덧붙여 발전시켰다.

번역으로 '스타 게이트'를 연 서유럽

11세기 팔레스타인에 출현한 기독교 십자군을 아랍인이 미개한 침입자로 간주한 것은 당연한 일이었다. 학문과 사상에서 크게 뒤져 있던 서유럽은 이슬람권에서 이룩한 학문적 성취를 접하고 경탄을 금치 못했다. 『아리스토텔레스의 아이들』의 저자 리처드 루빈스타인은 중세 유럽인에게 이슬람의 학문은 마치 스타 게이트(행성을 오가며 우주여행을 할 수 있는 문으로 들어가는 입구)와도 같은 것이었다고 말한다. 미개한 서유럽이 선진 이슬람 문명을 스승으로 모시고 열정적으로 배운 결과 새로운 역사 단계로 진입할 수 있었기 때문이다.

서유럽이 스타 게이트를 연 열쇠는 '번역'이었다. 유럽인은 아랍어로 번역된 그리스 고전들을 미친 듯이 라틴어로 번역했다. 중세 수도원 사서들에게는 아랍어 해독 능력이 필수였다. 그리스어를 직역할 능력이 없었기에 아랍어에서 라틴어로 중역重譯한 것이다. 역사학자들은 이 대대적인 번역 캠페인을 '12세기의 르네상스'라고 부른다. 어마어마한 열정으로 수많은 고전을 라틴어로 번역했고, 그 노력이 축적된 결과 수백 년 뒤 근대가 밝아 오자 이슬람과 기독교 진영의 우열은 역전되고 만다. 나중 된 자가 먼저 되고 먼저 된 자가 나중 된 셈이다. 그때 이래 지금까지 서유럽 문명은 줄곧 우위를 유지하고 있다. 번역을 통해 후발 문명이 선진 문명을 추월한 대표 사례다.

해마다 한글날이 오면 한글의 독창성과 우수성을

뽐내는가 하면, 잘못된 한글 표현을 쓰지 말자는 캠페인이 행해진다. 하지만 대대적으로 콘텐츠를 확충해 한국어로 전 세계의 고급 지식과 정보를 읽을 수 있도록 하자는 번역 캠페인은 어디에서도 찾을 수 없다. 번역을 통해서 스타 게이트를 통과해, 변방에서 세계사의 주류로 등극한 서유럽의 역사적 사례는 우리에게 아무런 의미도 없는 것일까.

이슬람 해적이 기독교 세계를 처음 습격한 것은 652년이다. 에스파냐 동해안, 남프랑스, 이탈리아 남부와 시칠리아, 코르시카와 사르데냐가 이슬람 선박들의 공격 대상이었다. 지중해에 면한 유럽 해안 지방 주민들이 취할 수 있는 자위 수단은 바다를 멀리 바라볼 수 있는 지점을 골라 망루를 세우고 이슬람 해적선을 한시라도 빨리 발견해 달아날 시간을 조금이라도 확보하는 깃뿐이었다. 이탈리아어로 '토레 사라체노'(사라센의 탑)라고 부르는 이 망루는 지금도 지중해 바닷가 곳곳에 관광 유적으로 남아 있다. 미개한 서유럽이 선진 이슬람 문명을 능가할 수 있었던 비결은 '번역'이었다.

하멜의 교훈

1653년 효종 4년에 제주 해안에 표착한 헨드릭 하멜 일행은 조선에서 14년 동안 억류 생활을 하다가 1666년 마침내 일본 나가사키로 탈출했다. 이 14년의 세월은 한국과 서양 사이에 최초의 만남이 이루어진 역사적 시간이었다. 우리 역사의 방향을 바꿀 수도 있었던 천재일우의 기회였다.

17세기 초일류 국가 네덜란드

하멜의 조국 네덜란드는 조선보다 작았지만 당대 유럽의 최강국이었다. 수도인 암스테르담은 세계 최대의 항구이자 20세기 미국의 월스트리트에 맞먹는 유럽의 경제 중심지였다. 당시 유럽 각국이 보유한 선박의 4분의 3이 네덜란드 국적이었다. 그들의 배는 오대양을 누비고 다닐 만큼 크고 성능이 좋았다. 러시아의 개혁 군주 표트르대제가 신분을 숨기고 조선造船 기술을 배워

간 곳도 네덜란드였다. 프랑스 역사가 브로델의 말처럼 17세기 유럽사의 주인공은 네덜란드였다. 이 무렵 네덜란드에서는 프랑스 철학자 데카르트가 『방법서설』을 쓰고 있었고, 유대인 스피노자는 렌즈를 연마하면서 철학을 연구하고 있었다.

네덜란드는 막강한 제해권을 바탕으로 북아메리카 허드슨강에 식민지를 건설하고 그 중심지를 뉴암스테르담이라 칭했다. 17세기 후반 영국이 이곳에 진출하면서 네덜란드와 경쟁을 벌인 끝에 이 도시를 장악하고 이름을 뉴욕으로 바꾸기 전까지 뉴암스테르담은 번영을 누렸다. 네덜란드인은 바타비아(인도네시아의 자카르타)를 거점으로 대만, 일본 등과도 활발한 무역 활동을 벌이면서 아시아 무역의 황금시대를 구가했다. 우리가 수십 년 전 겨우 눈뜬 '세계 경영'을 그들은 이미 17세기에 훌륭하게 수행하고 있었다.

하멜 일행은 선진국 선원답게 제각기 기술 한 가지씩은 가지고 있었다. 그들이 가진 지식은 조선에 쓸모가 큰 것들이었다. 그들은 조선술, 소총·대포 제작, 축성, 천문학, 의술 등에 일가견이 있었다. 그러나 효종과 그의 신하들에게는 그들의 쓸모를 알아보는 안목이 없었다. 한양으로 끌려온 세계 1등 선진국 선원들은 기껏 국

왕 호위에 장식품으로 동원되었고, 사대부 집에 불리어
가 춤을 추고 노래를 불러 주면서 푼돈을 벌었다. 조선
조정이 그들의 표착을 계기로 넓은 세상에 눈을 뜨고 미
래를 준비했더라면 그 후 한국 역사는 다른 길을 걸었을
것이다. 선조에서 효종에 이르기까지 조선의 국왕과 신
료들은 무능한 데다 국제 감각도, 역사의식도, 국가 전
략도 갖추지 못했다. 못난 조상들이었다.

모국어에 대한 원대한 비전을 품자

17세기를 떠나 21세기 우리 현실을 돌아본다. 한
글에 관한 우리 언론의 보도는 과학성 예찬 등 하나같이
언어학 담론에 갇혀 있었다. 해마다 반복되는 진부한 한
글 자랑이다. 오해하지 마시라. 한글 자랑이 과장이나
거짓이라고 말하려는 게 아니다. 과학성보다 천 배, 만
배 중요한 콘텐츠 확충 없는 한글 자랑은 허망하다는 것
을 강조하려 함이다. 한국어 콘텐츠 확충의 핵심이 '번
역'임을 말하고자 함이다.

전 세계의 지식을 온 국민이 모국어만으로 습득할
수 있는 지식 민주주의의 실현은 우리에겐 가당치도 않
은 꿈일까? 선진국 진입은 언감생심 꿈도 꾸지 못할 별

볼 일 없는 2등 국민이라서? (일본은 19세기에 이미 해낸 일이다.) 한글을 지렛대 삼아 독창적 문화를 발전시켜 백범 김구가 말한 '문화 강국'을 건설한다면 우리도 '세계사적 사명'을 수행할 수 있지 않을까? 모국어에 대한 원대한 비전을 품자!

과학성 타령이나 하면서 언어학 담론에 국한시키기엔 한글의 가치가 너무나 크다. 다이아몬드(한글)로 공기놀이, 구슬치기만 하고 만족한다면, 하멜 일행을 데려다 춤추게 하고 노래나 부르게 하던 우리 조상들과 다를 바가 무엇인가. 지금 우리에게 필요한 것은 보석을 보석으로 대접하고 활용하는 역사의식과 국가 전략이다. 100년, 500년을 내다보는 문화적 비전이 절실하다.

제주 용머리해안의 하멜상선전시관. 2003년에 하멜 제주
표착 350주년을 기념해 만들었다. 하멜 일행은 선진국
선원답게 조선술, 소총·대포 제작, 축성, 천문학, 의술 등에
일가견이 있었다. 그러나 효종과 그의 신하들에게는 그들의
쓸모를 알아보는 안목이 없었다. 조선 조정이 그들의 표착을
계기로 넓은 세상에 눈을 뜨고 미래를 준비했더라면 그 후
한국 역사는 다른 길을 걸었을 것이다. 조선의 국왕과
신료들은 무능한 데다 국제 감각도, 역사의식도, 국가 전략도
갖추지 못했다. 못난 조상들이었다.

우리 역사의 단절

2015년은 광복 70주년을 맞이하는 해였다. 광복은 빛을 되찾음을 의미한다. 국어사전에는 '빼앗긴 주권을 도로 찾음'이라고 풀이되어 있다. 수천 년 동안 주권 독립국가였지만 일제에 주권을 잃었고, 1945년에 다시 찾았다는 뜻이다. 해방 공간에서 반탁反託운동이 그토록 거세게 일어난 것도 이 때문이다. 수천 년 역사를 독립국가로 살아왔던 자존심이 신탁통치를 용납할 수 없었다. 그러므로 정치사적으로 '광복'은 맞는 표현이다.

한글 본격 사용한 지 고작 70여 년

그러면 우리 인문학은 어떨까. 광복을 기해 우리 인문학도 주권을 되찾았을까. 유감스럽게도 20세기 중반까지 한글에 기반을 둔 우리 인문학은 거의 존재한 적이 없었다. 우리는 문자 생활에서 과거와 단절되어 있다. 세종이 한글을 발명함으로써 문자 체계에 혁명적인 변화가 초래되었지만, 20세기 초까지 수백 년 동안 조선 시대 문헌들은 대부분 한문으로 기록되었다. 그러다가 19세기 말과 20세기 초에 『독립신문』 등에서 한글이 사용되기 시작했지만 주요 기록 수단은 여전히 한자였다.

한글은 2,800년 역사를 지닌 서양어(그리스어 알파벳)나 1,200년 역사를 가진 일본어(가나)와 매우 다른 처지에 놓여 있다. 우리 문자가 갖는 특수성이다. 수천 년 동안 우리 선조들이 작성한 거의 모든 문헌이 번역이란 과정을 거치지 않으면 우리에겐 다른 나라 책일 뿐이다. 영어권 독자들은 500년 전 셰익스피어 희곡과 400년 전 존 밀턴의 작품을 지금도 읽을 수 있지만, 우리는 대학 교육을 받은 사람도 100여 년 전의 우리 문헌을 제대로 읽을 수 없다.

일제강점기의 상황을 보자. 우리는 1945년까지 일본어를 국어로 상용했다. 한글을 본격적으로 쓴 지가 이제 겨우 70년 남짓이다. 그러므로 '한글 텍스트를 기반으로 한 인문학'이란 관점에서 보면 우리는 갓 태어난 아프리카 신생국과 다를 바 없다. 자존심 상하지만 이것이 우리 현실이다. '잃었던 빛을 다시 찾은 것'이 아니라 수천 년의 어둠 속에서 처음으로 빛이 비치기 '시작'한 것이다. 따라서 인문학에는 '광복'이란 말이 어울리지 않는다. 한글 기반 인문학은 70여 년 전 새롭게 '탄생'했다.

광복 직후 우리의 문자 생활은 열악하기 그지없었다. 1945년 광복 직후 13세 이상 인구 가운데 한글을 전혀 읽거나 쓸 수 없는 문맹자가 77퍼센트에 달했다(강준만, 『한국현대사산책』). 1950년 발발한 한국전쟁 때만 해도 한글을 몰라 전우에게 편지의 대필을 부탁하는 경우가 많았고, 1953년 휴전 후 오랫동안, 심지어 1960년대 초까지도 신병 훈련소에는 '가나다'를 가르치는 한글 교육과정이 남아 있었다. 많은 사람이 군대에 입대하고 난 후에야 한글을 익히고 비로소 부모님께 편지를 쓸 수 있었다. '군대 갔다 오더니 사람 됐다'는 표현이 등장한 것도 이런 맥락에서였다. 문맹이던 아들이 3년 군 복무를 마치고 오더니 글을 읽고 쓸 줄 알게 되었다는 뜻이다.

인문학 위기란 말이 유행처럼 나돈 적이 있다. '위기'란 잘나가다가 추락할 때 흔히 쓰는 말이다. 하지만 지난 70여 년 동안 과연 우리의 한글 기반 인문학이 잘나간 적이 한 번이라도 있었던가. 종종 언급되곤 하는 '인문학 르네상스'도 마찬가지다. 르네상스란 말은 고대 그리스·로마의 황금시대가 중세 1,000년의 죽음을 거쳐 다시 살아났다는 뜻이다. 사망했다가 부활 또는 재생했다는 말이다.

그런데 과연 우리 인문학이 황금시대를 누려 본 적이 있었던가. 물론 없다. 사망했던 적도 없고 다시 일어날 일도 없다. 우리 역사의 이러한 특수성을 감안하면, 우리에게는 인문학 위기보다 오히려 인문학 고사枯死가 잘 어울리는 표현으로 보인다. 떡잎 단계부터 영양실조 상태로 비틀거리며 오늘에 이르렀다는 뜻에서 말이다.

영어에 쏟는 비용의 100분의 1만이라도 번역에 투자하자

한글을 기반으로 한 인문학의 역사가 이제 겨우 70여 년이라는 냉엄한 현실을 직시한다면 반만년 역사 운운하며 느긋한 허위의식에 안주할 수 없다. 우리의 긴 역사는 우리에게 착시효과를 일으킨다. 착각에 빠지지 않도록 주의해야 한다. 우리 역사와 문자 생활의 특수성을 잊어서는 안 된다. 한글 기반 인문학의 관점에서 100년도 못 된 신생국 처지임을 자각하고 새로 시작하겠다는 결연한 마음가짐을 가져야 한다.

무엇보다도 시간적 단절에서 벗어나야 한다. 끊어진 역사를 연결시켜야 한다. 아직 반의반도 완성하지 못한 선조들의 기록물 번역을 서둘러 마쳐야 한다. 기왕 번역된 문헌도 필요하다면 완성도를 높이기 위해 두 번, 세 번 재번역해야 한다. 이 작업이 완결되어야 비로소 수천 년 우리 역사가 온전히 한국어 콘텐츠에 편입될 수 있다. 비로소 '우리 것'이 되어 누구나 한국어 해독 능력만으로도 선조들의 모든 기록물을 읽을 수 있게 된다. 역사적 연속성의 복원 작업이다.

다음으로 공간적 고립에서 벗어나야 한다. 글로벌 시대에 전 세계의 지식을 습득해야 하는 이유를 굳이 설명할 필요가 있을까. 세계로 뻗어 나가려면 세계를 알아야 한다. 지피지기백전불태知彼知己百戰不殆(적을 알고 나를 알면 백 번 싸워도 위태롭지 않다)라는 말 그대로이다. 아직 번역되지 않은 수많은 동서양의 고전을 번역해 한국어 콘텐츠를 대대적으로 확충해야 한다. 영어 공부, 물론 해야 한다. 하지만 영어에 쏟는 비용의 100분의 1만이라도 외국 고전 번역에 투자하자. 그리하여 온 시민이 한국어만으로도 전 세계의 수준 높은 지식과 정보를 공유할 수 있도록 하자. 이것은 지식의 민주화 운동이기도 하다. 한국어 콘텐츠 확충 사업은 인문학 차원의 건국 운동이다. 소프트웨어 독립 운동이다.

정체성 발견과 새 역사 창조

우리에게 『실낙원』을 쓴 시인 정도로만 알려진 존 밀턴(1608-1674)은, 시인이기에 앞서 당대의 1급 논객이자 석학이었다. 어학에도 조예가 깊어 히브리어, 그리스어를 비롯한 헬레니즘과 헤브라이즘의 고전어는 물론이고 유럽 각국의 현대어에도 두루 능통했다. 8개 국어에 능통했던 것으로 전해진다. 특히 당시 국제어로 통용되던 라틴어 실력은 유럽 최고 수준이어서 프랑스, 이탈리아 등 대륙의 지식인들도 극찬할 정도였다. 밀턴이 크롬웰 정부에서 외교부 장관으로 발탁되어 10년간이나 활동한 것도 이 때문이었다.

열등감에 빠진 17-18세기 영국

지금의 우리로서는 얼른 납득하기 힘들지 모르지만 17-18세기에 영국은 유럽에서 열등감에 시달리던 변두리 섬나라였다. 영국인은 특히 이탈리아에 심한 열등감을 느끼고 있었다. 이탈리아는 고대 로마 문명의 발상지였을뿐더러 15세기에 화려한 르네상스 문화를 피워낸 유럽의 선진국이었기 때문이다. 이에 비해 영국은 유럽의 서북쪽 끝에 붙어 있는 낙후한 변두리 국가에 불과했다.

그러니 행세깨나 한다는 영국인 가운데 이탈리아에서 2-3년간 체류한 경험이 없는 사람은 시골뜨기 취급을 면할 수 없었다. 18세기 영국 문인 새뮤얼 존슨은 "이탈리아에 다녀오지 않은 사람은 항상 열등감을 느낀다"고 말할 정도였다. 스칸디나비아와 독일, 러시아의 귀족들도 재빨리 이런 유행을 뒤따랐다. 18세기 유럽에서 일어난 이 같은 이탈리아 여행 붐을 '그랜드 투어'라고 하는데, 그것은 막대한 비용이 소요되는 사실상의 해외 유학이었다. 성공한 금융업자의 아들인 밀턴은 만 29세이던 1638년 5월부터 1년 3개월 동안 프랑스를 거쳐 이탈리아를 여행했다. 아직 그랜드 투어가 본격화되기 전이었다. 지동설을 주장했다는 이유로 자택에 연금되어 있던 천문학자 갈릴레이(1564-1642)를 만나 교분을 쌓은 것도 이 여행에서였다.

이탈리아 유학에서 돌아온 밀턴은 이렇게 다짐했다.

만일 내가 무엇인가 후세를 위해 글로 쓰게 된다면 내 조국을 명예롭게 만들고 지식을 충만케 하여 하나님을 영화롭게 하는 것 말고는 달리 고려할 것이 없다. 나는 모든 근면과 기예를 다 발휘하여 나의 모국어를 아름답게 장식하는 데 사용할 것이다. 혹시 라틴어로 글을 쓰면 해외에서 더 큰 명예를 얻을 수 있을지 모르나, 그런 데 관심을 두지 않고, 이 영국 땅을 나의 세계로 삼는 것으로 만족하려 한다.

—『교회 정부의 이성』(1642)

마지막 문장에 유의할 필요가 있다. 변두리 섬나라 국민이었던 밀턴이 국제적 명성을 얻으려면 영어보다 라틴어로 저술하는 편이 훨씬 유리했다. 변방 언어인 영어로 작품을 쓰면 읽을 사람이 잉글랜드인으로 국한되지만 라틴어로 쓰면 전 유럽의 지식인을 독자로 삼을 수 있기 때문이다. 그러나 밀턴은 이 모든 가능성을 접고 모국어로 작품을 쓰겠노라 결심했고, 그의 야심은 훗날 『실낙원』 등으로 구체화되었다. 영어가 세계어로 자리 잡게 되기까지 이처럼 수많은 노력이 숨어 있었다. 밀턴은 영어가 몇 세기 후 이토록 위상이 높아지리라고는 상상도 못 했을 것이다.

'우리의 꽃'을 피워 내야

2008년 경제 위기가 닥쳤을 때 지식 사회 일각에서는 한국 현실을 연구하는 경제학자를 국내 대학에서 찾아보기 힘들다는 탄식이 나왔다. 미국의 저명 학술지에 논문이 몇 편 실렸느냐가 연구 업적 평가의 기준이었기 때문이다. 국내 학술지보다 미국 학술지에 게재된 논문이 세 배에서 다섯 배 높은 점수를 받는데, 미국 경제학회지에 논문이 실리려면 미국 경제학계의 이슈를 따라가야 한다. 굳이 한국 현실을 연구할 필요가 없다. 영혼은 미국 하늘을 떠돌면서 육신의 빈껍데기만 이 땅에 머물고 있는 황폐한 풍경이다. 이런 현상이 경제학에만 국한된 것이 아니라는 데 문제의 심각성이 있다.

우리는 지난 반세기 동안 근대화에 상당한 성과를 거두었지만 정체성은 우선순위에서 저만치 밀려나 있었다. 근대화를 통해 상당한 정도의 물질적 성취를 이룬 시점이다. 이제 내가 누구인지, 한국은 내게 어떤 의미를 갖는지를 돌아볼 때가 되었다. 이 땅에 굳건히 뿌리를 내리고 '우리의 꽃'을 활짝 피워 낼 지식인도 있어야겠다. 정체성과 개성의 발견을 통해 '르네상스'가 아닌 '새 역사의 창조'를 도모해야 할 때다.

존 밀턴(1608-1674). 열등감에 시달리는 변두리 섬나라
국민이었던 밀턴이 국제적 명성을 얻으려면 영어보다
라틴어로 저술하는 편이 훨씬 유리했다. 변방 언어인 영어로
작품을 쓰면 읽을 사람이 잉글랜드인으로 국한되지만
라틴어로 쓰면 전 유럽의 지식인을 독자로 삼을 수 있었기
때문이다. 그러나 밀턴은 이 모든 가능성을 접고 모국어로
작품을 쓰겠노라 결심했고, 그의 야심은 훗날 『실낙원』등으로
구체화되었다.

번역은 국가 경쟁력

움베르토 에코의 소설 『장미의 이름』에는 14세기 초 유럽의 수도사들이 아랍어를 라틴어로 번역하는 장면이 나온다. 수도원 사서들에게 아랍어 해독 능력이 필수적으로 요구됐다는 설명도 뒤따른다. 아랍어를 중세 유럽의 공용어인 라틴어로 번역했다는 것은 서유럽인이 이슬람에게서 뭔가 배웠음을 뜻한다.

'대체 서유럽이 아랍에서 뭘 배운단 말인가'라는 의문이 생기는 게 당연하다. 근대 이후 서양 문명이 이슬람을 압도했던 까닭에 우리 뇌리에 '이슬람 문명은 서양 문명보다 뒤떨어졌다'는 부정적인 고정관념 또는 선입견이 새겨진 것이다.

서유럽의 스승, 이슬람

하지만 서유럽이 이슬람보다 우월하다는 시각은 최근 수백 년 동안 형성된 것임을 알아야 한다. 7세기 이

후 500년 동안 이슬람은 고대 그리스의 과학, 철학을 번역·소화함으로써 서유럽에 비해 압도적으로 우월한 문명을 건설했다. 이슬람은 단순히 그리스 학문을 받아들이는 데 그치지 않고 독창적으로 끌어올렸고, 야만 상태의 서유럽은 12세기 이후 이슬람 학자들이 소화한 그리스 학문을 라틴어로 번역해 받아들임으로써 문명을 도약시켰다.

아리스토텔레스가 대표적인 사례다. 유럽인은 아리스토텔레스의 저작을 '그리스어 → 라틴어'로 직접 번역한 것이 아니라 '그리스어 → 아랍어 → 라틴어'로 중역된 텍스트를 통해 처음 접했다. 아리스토텔레스 사상을 기독교에 융합시킨 토마스 아퀴나스(1224/1225-1274)의 스콜라철학은 이렇게 탄생했다. 역사가들이 '12세기의 르네상스'라고 부르는 서유럽의 번영은 이슬람의 학문적 성취를 번역하지 않았다면 이룩될 수 없었다.

이슬람이 7세기에서 12세기까지 세계 최고 수준의 문명을 건설했고, 야만 상태의 중세 유럽이 이슬람을 스승으로 받들었다는 것은 돌고 도는 역사의 냉엄한 진실을 일깨워 준다. 눈여겨볼 대목은 이슬람과 중세 서유럽의 번영이 공통적으로 '번역'에 기반을 두고 있었다는 사실이다. 이슬람 문명은 그리스 고전 번역을 통해 중세 초기에 번영을 누렸고, 유럽은 아랍어로 번역된 그리스 고전을 라틴어로 중역함으로써 12-13세기의 화려한 문화를 꽃피울 수 있었다. 번역이 역사 변혁의 지렛대로 작용한 것이다.

서유럽에서 재발견된 그리스의 저술들은 변방의 한 지역에 불과했던 서유럽을 세계 문명의 중심지로 바꿔 놓는 토대가 되었다. 중세 초기 아랍인들이 고대 그리스 문헌을 아랍어로 번역해 이슬람 문명의 전성기를 맞이 했듯이, 12세기 서유럽인 역시 번역을 통해 중세 전성기를 맞이했다. 아랍인과 서유럽인은 이런 의미에서 닮은꼴이었다.

부끄러운 무임승차 이제는 그만둬야

19세기 일본은 서양 문물을 도입하면서 어마어마한 열정으로 서양 학술 용어를 번역했다. 우리가 널리 쓰는 민주주의, 자유, 평등, 권리, 철학 등은 모두 이 시기 일본 지식인들이 서양 개념을 한자어로 옮긴 것이다. 하지만 일본 지식인들은 몇몇 서양 개념을 번역하는 데 커다란 어려움을 겪었다. 소사이어티society의 번역어인 사회가 대표적 사례다. 일본에는 society에 대응하는 '현실'이 없었기 때문이다.

번역, '무'에서 '유'를 창조하다

영어권에서 최고 권위를 지닌 옥스퍼드 영어사전은 society를 개인들individuals의 집합체로 정의하고 있다. 그런데 19세기 일본에는 개인에 기반을 둔 인간관계가 없었다. 개인이 없으니 사회도 없었고, 따라서 그 뜻을 표현할 번역어도 없었다. 일본 지식인들은 실체가 없는

society를 일본어로 번역하기 위해 고심해야만 했다. 우여곡절 끝에 사회가 번역어로 자리 잡게 되었지만, 번역어가 등장했다고 해서 그에 대응할 현실까지 일본에 존재하게 된 것은 아니었다. 단지 기계적으로 society를 사회로 옮겼을 뿐이다. 존재하지 않는 실체를 표현하는 새로운 조어造語를 만들어 사용한 것이다.

일본 최고의 지성으로 꼽히는 마루야마 마사오와 가토 슈이치의 『번역과 일본의 근대』(임성모 옮김, 이산, 2000)에는 그 치열한 과정이 잘 나와 있다. 일본 지식인들이 society를 번역하기 위해 수많은 논쟁과 시행착오를 거친 끝에 비로소 사회라는 번역어가 정착된다. 우리는 일본에서 그런 어마어마한 논쟁이 벌어지던 시기에 아무 일도 안 하고 멍하니 있다가 일본에 침략당한 뒤, 식민지배하에서 그들의 번역어를 고스란히 받아 쓴 것이다. 우리는 식민지 시대에 일본 지식인들이 고민에 고민을 거듭하며 만들어 낸 일본식 한자 번역어를 무차별적으로 받아들여 사용했다. 무임승차를 한 셈이다.

식민지 시대에야 어쩔 수 없었다 치자. 주권을 되찾은 지 70년이 넘은 지금도 무임승차가 계속되고 있다는 데 문제의 심각성이 있다. 1990년대에 처음 등장한 것으로 보이는 택배宅配, 착불着拂 같은 용어는 일본인들이 만들어 낸 한자어다. 다쿠하이, 차쿠바라이라는 일본 단어를 들여와 발음만 한국식으로 바꾼 것이다. 냉동하지 않은 생선 따위를 뜻하는 (수산시장에서 흔히 쓰이는) 생물生物이란 단어 역시 나마모노라는 일본어의 한자어를 그대로 들여와 발음만 생물로 바꾼 것이다.

무임승차는 현재진행형이다. 주일대사관 1등 서기관을 지낸 신상목은 췌장이란 한자어 역시 일본인이 만들어 낸 번역어라고 설명한다.

췌장의 췌는 한자로 '膵'라고 쓴다. 19세기 초, 일본의 난의학(네덜란드 의학) 학자인 우타가와 겐신이 새로 만든 한자다. 중국 전통 의학에는 존재하지 않는 장기臟器이기에 그에 해당하는 문자가 없었다. 서양 의학에서 췌장은 pancreas라고 하는데, pan(모든, entire)에다 creas(육신, flesh)를 더한 게 어원이다. 서양 해부학 서적 번역에 고심하던 겐신은 원어의 어원으로부터 육달월月 변에 모일 췌萃를 더해 膵 자를 조자造字하고, pancreas를 췌장으로 번역했다.

이처럼 일본인들이 만든 한자를 화제한자和製漢字라고 한다. 의학 용어 중에서는 분비선, 갑상선 등에 쓰이는 '腺'(선)도 화제한자다. 신체 기능에 필수적인 호르몬이나 화학물질을 생성하는 조직 또는 기관인 gland의 번역어다. 腺도 겐신이 만든 한자이다. 육달월 변에 샘 천泉을 더하니 '몸에서 샘솟는 곳'이라는 의미가 된다. 이번에는 어원이 아니라 기능에 착안한 조자라는 점이 신통방통하다.

일본은 이처럼 근대화 시기 이전에 기존 지식 체계에 존재하지 않는 언어의 한계에 부딪혔을 때, 기존 한자를 조합하는 수준을 넘어 아예 새로운 한자를 만들어 서구의 개념과 지식을 받아들이고 내재화하는 창의성을 발휘했다. 현재 '腺' 자와 '膵' 자는 한국뿐만 아니라 중국에서도 사용되고 있으며, 중국 자전에 기본자로 수록돼 있다. 한자의 오리지널 중국도 한 수 배우는 일본 근세 지적 역동성의 한 단면이다.

—『조선일보』 2017년 12월 8일 자

모국어로 세계를 인식할 생각도 하지 않는 나라

얼마 전 한국군의 전시작전통제권 환수 시기가 2020년대 중반으로 늦춰졌다는 보도가 있었다. 전시작전통제권을 미군에 맡겨 놓고 무임승차하겠다는 의지의 표명이다. 일부 비판적 지식인들은 그럴 바엔 장성의 수를 절반 이하로 줄여야 한다며 군을 질타했지만, 군 지휘부에만 책임을 묻기에는 우리의 무임승차 관행의 뿌리가 너무나 넓고 깊다. 비독립적이고 반자주적인 우리의 끈질긴 관행이 단순한 관행을 넘어 유전자 속에 아로새겨진 것이 아닌가 하는 생각까지 하게 된다. 번역을 통한 모국어 콘텐츠의 획기적 확충이 정체성 박약의 우리 풍토에서 쉽지 않으리라는 암울한 전망이 떠오른다.

『한국일보』서화숙 기자는 일본의 기초과학이 강한 이유가 그들이 일본말로 학문을 한다는 데 있다고 주장한다.

기초과학은, 특히 물리학 같은 분야는 물질계의 작동 원리를 연구하는 것이기 때문에 어느 분야보다도 깊이 있고 독창적인 사고가 중요하다. 깊이 있고 독창적인 사고를 하려면 생각을 많이 해야 한다. 그러려면 기본적인 개념이 일찍부터 제대로 잡혀야 한다. 노벨물리학상 수상자 남부 요이치로 교수는 초등학교 때 과학 시간에 느낀 흥미가 그를 과학자로 이끌었다고 한다. 기본 개념은 어떻게 해야 잘 잡힐까. 이해하기 쉬운 언어로 과학을 설명하는 것으로 시작되었을 것이다.

일본은 초등·중등 과정은 물론 대학에서도 일본말로

과학을 가르친다. 그를 위해 서양에서 발달한 과학을 일본어로 옮기는 것을 당연한 기초 과정으로 여겼다. 한자 문화권인 동양 4국이 두루 쓰고 있는 과학이니 화학이니 물리학이니 하는 용어 자체가 알파벳권 언어를 제 나라 말로 파악하려 한 일본 지식인들의 번역의 소산이다. 소립자素粒子나 양자量子, 전자電子 같은 용어들도 모두 일본인들이 만들었다.

덕분에 일본인들에게 세계적인 수준에서 사고한다는 것은 세계에서 가장 깊이 사고한다는 것이지 영어로 사고한다는 것이 아니게 되었다. 이것은 외국어가 약하기로는 둘째가라면 서러울 일본인들이 기초과학 분야에서 노벨상을 많이 받는 것에서 잘 드러난다.

반면 우리나라는 초등학교와 중·고등학교 과정에서 과학의 기본 개념을 파악하도록 잘 가르치지도 않지만 대학에 들어가면 느닷없이 영어로 과학을 가르친다. 명문대학일수록 자연대, 공대, 의대에서 물리, 화학, 생리학 같은 기초 분야에 영어 교재가 쓰인다. 내용만 익혀도 부족할 시간에 외국어 부담까지 겹치니 한국어로 익혔을 때와 비교하면 절반도 못 배운다. 한국의 기초과학은 외국으로 유학 갈 것을 아예 상정하고 가르치는 셈이다.

교수들은 기초과학 분야의 명저들이 제대로 번역되지 않아서라고 말을 하는데, 이렇게 원서로 가르치니 번역할 의미가 없어진다. 한국어라면 열 권도 더 읽었을 전공서적을 한 권 파악하는 것도 힘겨우니 기본 사양에서 한국 대학생들이 일본 대학생들보다 처지는 것은 당연하다. 대학을 나와도 배운 게 없다는 말도 바로 이래서 생긴다.

—『한국일보』 2008년 10월 9일 자

우리는 예나 지금이나 일본 지식인들의 고민과 노력의 결과물인 한자 번역어를 쉽게 가져다 쓰고 있다. 그러더니 요즘은 아예 남의 말인 영어 교재로 공부를 시킨다. 멀쩡한 모국어를 두고 영어로 읽으라고 하는 것은 얼마나 무책임하고 뻔뻔스러운가. 언제까지 얻어먹고 빌어먹을 것인가. 모국어로 세계를 인식하려는 시도조차 하지 않는 공동체를 제대로 된 국가라 할 수 있는가. 그러고도 무슨 염치로 한글 자랑을 하는가. 부끄러운 줄 알아야 한다.

인간은 모국어를 사용할 때 가장 창의적이다

머지않아 자동번역기가 실용화 단계에 접어들 것으로 전망된다. 각 나라 사이에 경쟁도 치열하게 전개될 것이다. 고용 창출 등 경제적 시너지 효과도 적지 않을 것으로 예상된다. 개인용컴퓨터 이용자들이 사용하는 자동번역기의 수준은 아직 기대에 크게 미치지 못한다. 구글 자동번역기를 돌리다 보면 종종 어처구니없는 경우를 당한다. "옛날에 백조 한 마리가 살았습니다"를 번역시키니 "The 100,000,000,000,001 lived long ago"라고 옮긴다. 'galaxy s7 edge'은 '은하 s7 가장자리'로, 미국 프로야구 구단 'Chicago cubs'는 '시카고 새끼들'로 둔갑한다.

풍부한 예문이 있어야 자동번역기 발전 가능

자동번역의 역사는 70년에 이른다. 미국 수학자 위버가 가능성을 제시한 것이 1947년이고, 조지타운대학교와 IBM이 러시아어의 영어 번역 기술을 개발한 게 1954년이다. 1980년대부터는 컴퓨터로 문장의 의미를 파악하는 자연언어처리 기술 덕분에 비약적인 발전을 거듭했다. 자동번역의 정확도는 두 언어가 얼마나 비슷한지에 따라 달라진다. 언어 구조가 같은 서양 언어끼리는 비교적 쉽다. 중국어도 영어와 어순이 같아 유리하다. 일본어 또한 한자 때문에 중국어와 넘나들기 수월하다. 그러나 영어의 우리말 번역은 언어 구조의 현저한 차이 때문에 매우 불리하다. 우리말과 어순이 같은 일본어 번역마저도 아직 완전하지 않다.

구글이 음성 대화를 문자로 실시간 번역해 주는 앱을 준비 중이라고 한다. 원하는 언어로 즉석에서 번역해 준다는 놀라운 기술이다. 지금까지는 문장 번역이 주였지만 음성 번역까지 가능해진다고 한다. 마이크로소프트도 화상 채팅 통역을 선보였다. 가히 IT의 신기원이라 할 만하다. 『뉴욕타임스』는 "IT가 바벨탑을 다시 쌓기 위해 사력을 다하고 있다"고 보도했다.

한글과컴퓨터(한컴)도 한국어로 입력하면 동시에 영어, 러시아어, 아랍어 등 전 세계 모든 언어로 문서가 번역되고, 이 과정이 음성으로도 가능해지는 프로그램을 개발 중이라고 한다. 세계 언어의 벽을 없앤다는 야심 찬 계획이다. 이미 세계 각국은 자동번역기 사업 부문에서 경쟁 상태에 돌입했다.

그러나 한 가지 주목해야 할 점이 있다. 이 작업이 성공하려면 대단히 풍부한 예문이 필요하다. 단어와 문장의 미묘한 뉘앙스를 자연스러운 한국어로 번역하려면, 수많은 외국 명저를 우리말로 번역한 방대한 규모의 텍스트가 존재해야 한다. 번역을 한 권이라도 해 본 사람은 누구나 알 수 있는 사실이지만, 번역은 '창작'의 영역에 속하기 때문이다. 자연스러운 자동번역기를 만드는 가장 바람직한 조건은, (예컨대 영어를 한국어로 옮길 경우) 영어권에서 출간된 모든 문장과 다양한 표현에 대응하는 어마어마한 분량의 한국어 번역 텍스트를 완벽하게 구비해, 그 모든 번역 문장들을 기계 속에 쏟아 붓고 방대한 데이터를 구축하는 것이다. 그러면 기계는 영어 문장이 나올 때마다 해당 문장에 대응하는 최적의 번역어를 검색해서 유려한 한국어를 토해 낸다.

'번역 왕국' 일본은 자동번역도 유리

기술 발전이 가속화되면 번역어 검색 속도가 빨라질 것이다. 일상 회화나 기술 부문의 번역은 그래도 비교적 간단한 편이다. 하지만 미묘한 뉘앙스를 살려야 하는 문학·인문 번역은 막대한 번역 인프라가 구축되어야만 기계가 그걸 가져다 쓸 수 있다. 번역 왕국 일본은 이런 점에서 상당히 유리하다.

게다가 플라톤, 아리스토텔레스, 칸트, 헤겔 그리고 중국과 한국의 고전 한문 등의 번역에 이르면 얘기가 달라진다. 이 분야는 최고 수준의 연구 인력이 오랫동안 연구와 토론을 해야만 번역해 낼 수 있기 때문이다. 이것까지 기계가 해낸다면 기계가 논문도 쓰고 창작도 할 수 있다는 말이 된다. 19세기 말 일본 지식인들이 society의 번역어로 사회라는 단어를 고안해 내기 위해 얼마나 치열한 토론을 거쳤는지를 생각해 보면 된다.

과학만능주의자들은 인공지능이 자기학습을 통해 점점 더 유능해질 것이므로, 조만간 모든 언어를 자동으로 번역할 수 있는 날이 올 것이라고 말하곤 한다. 순진한 발상이다. 일상 회화나 기술 부문은 그것이 가능할지 모른다. 그러나 고전 번역은 전혀 다른 영역에 속한다.

지금까지 기술적·경제적 관점에서 자동번역기를 거론했다. 하지만 번역은 무엇보다도 우리의 정체성 정립과 밀접한 연관이 있다. 2008년 7월 고려대학교 인촌기념관에서 열린 제18차 세계언어학자대회는 소수민족 언어에 대한 언어학적 분석과 보존 계획 수립을 주요 의제로 삼고, 인간은 자신의 모국어를 사용할 때 가장 창의적인 사고를 할 수 있다고 선언했다. 21세기에 독창적 문화를 창조하는 일이 무가치하다고 판단하지 않는다면 번역을 통한 한국어 콘텐츠의 확충은 결코 미룰 수 없는 시급한 과제다.

구글 번역의 한 사례. 구글 번역총괄연구원 마이크 슈스터는 번역기가 번역가를 대체하는 날은 오지 않을 수 있다고 말했다. "아무리 기계의 번역 기술이 좋아져도 AI가 인간의 통·번역 활동을 완전히 대체하기는 어렵다. 인간의 대화는 변화무쌍하다. 같은 말도 문화적 차이에 따라, 상황에 따라, 대화 중 표정이나 제스처에 따라 달라진다. 인간이 대화를 할 때 단어나 문장으로만 그 내용과 의미를 전달하는 것이 아니기 때문에 AI 번역기가 인간을 완전히 대체하는 시점은 어쩌면 오지 않을 수도 있다."
—『이코노미조선』 2017년 12월 30일 자.

비非독서 국민의 탄생

집에서 직장까지 거리 관계로 무궁화호 열차를 주로 이용한다. 출근길 열차 안에서 한 시간 넘게 보내야 하는데 신문이나 책을 꺼내 읽다 보면 어느새 목적지에 도착한다. 내가 이용하는 노선에는 4년제 대학교만 세 곳이 있어 늘 대학생들을 접하는데, 최근 들어 젊은이들의 열차 풍속도가 바뀐 것을 실감한다. 10년 전까지만해도 책을 읽는 대학생을 흔히 볼 수 있었다. 그런데 요즘은 객실에서 책 읽는 젊은이를 찾아보기가 어렵다. 어쩌다 가물에 콩 나듯 책 읽고 있는 젊은이를 보면 반가울 정도다. 다들 스마트폰을 들여다보거나 노트북 등으로 게임, 동영상 즐기기에 바쁘다. 책과 점점 멀어지는 우리 사회의 풍속도다.

우리는 독서 국민 탄생 경험이 있는가?

나가미네 시게토시의 『독서 국민의 탄생』(송태욱 옮김,

푸른역사, 2010)은 메이지 시대(1868-1912) 일본 국민이 활자 미디어를 읽는 습관이 몸에 밴 '독서 국민'reading nation 으로 탄생하는 과정을 치밀하게 추적하고 있다. 기차역 노숙자마저 책을 읽고 있을 정도라는 일본인들의 높은 독서열은 언제 어떻게 시작된 것일까. 지은이는 메이지 시대 첫 30년을 거치면서 철도망이 대대적으로 확대됨에 따라 도쿄와 오사카의 신문·잡지 등 활자 미디어가 전국에 유통됐고, 여행 산업의 발전, 도서관 설립 등 정부의 독서 정책이 상승작용을 하면서 서구 열강에 뒤지지 않는 독서 국민이 형성됐다고 지적한다. 지은이가 말하는 독서 국민이란 '신문이나 잡지, 소설 등 활자 미디어를 일상적으로 읽는 습관이 몸에 밴 사람'이다.

메이지 초기에 일본인들이 가장 친근하게 여긴 탈것은 인력거였다. 당시 도로 사정은 극히 나빴다. 게다가 인력거 바퀴는 나무 테에 철판을 덧씌워 진동이 심했다. 결코 승차감이 좋은 탈것이라고 할 수 없다. 그런데도 사람들은 덜컹대는 인력거를 새로운 독서의 장으로 활용했다. 인력거라는 차내 공간은 손님 한두 사람과 인력거꾼으로 이루어진 닫힌 공간이다. 메이지 초기 일본인의 독서 방식은 음독音讀이었으므로 손님이 신문을 읽으면 듣는 사람은 인력거꾼이다. 인력거꾼이 손님에게

신문, 잡지를 읽어 줄 것을 적극적으로 부탁하는 경우가 흔했다고 한다. 손님이 읽는 것을 귀로 들으면서 끌고 가다가 이해가 안 되는 부분이 나오면 인력거를 끄는 도중이라도 질문을 하고, 내용이 이해되면 손님에게 정중히 인사를 하고 헤어지는 식이었다.

인력거꾼이란 먹고살기 위해 흘러 들어가는 막장일과 같은 직업이었다. 하지만 당시 기록을 보면, 사회 최하층인 인력거꾼들이 일하는 시간의 막간을 이용해 신문, 잡지를 일상적으로 읽을 정도로 독서 습관이 모든 일본 국민의 몸에 배어 있었다는 증언이 나온다. 정부도 신문 읽기를 권장하고 도서관을 설립했다. 특히 청일전쟁과 러일전쟁 승리 이후에는 '1등국 = 문명국'이라는 기준을 세우고, 전체 국민의 지적 수준을 높이려고 대대적으로 독서를 장려했다. 중국, 러시아 등 강대국과의 전쟁에서 승리한 후 일본 사회에 팽배했던 자신감이 독서열을 자극한 셈이다. 침략을 당한 우리 입장에서는 기분 좋을 리 없지만, 당시 일본 사회에 뻗어 나가고 있던 국운 상승의 기운이 느껴진다. 그들은 이미 19세기 말에 세계 최고의 문명국가를 건설할 수 있다는 자부심을 갖고 있었다. 몰락의 길을 걷고 있던 조선왕조의 분위기와는 달라도 너무 다른 일본이었다. 늦었지만 지금이라도 우리 사회에 그런 기운이 넘쳐 난다면 얼마나 좋겠는가.

메이지 5년(1872)에 처음 개통되어 1920년대부터 1930년대에 전국으로 확대된 철도는 일본 국민의 독서의 장으로 십분 활용되었다. 문제는 전통적으로 행해지던 음독 습관이었다. 기차 안에서 음독을 하면 주변 사람에게 방해가 된다. 개중에 외설적인 글을 큰 소리로 읽어 사람들을 배꼽 빠지게 만드는 사람도 있었던 모양이다. 결국 음독은 공공성의 논리에 막혀 사라지고 새로운 독서법인 묵독黙讀이 정착되기에 이른다. 책 사랑에 흠뻑 빠져 있는 현대 일본의 독서열은 19세기에 그 뿌리를 깊숙이 내리고 있었다.

100년 전 일본의 독서 국민 탄생 과정을 읽으면서 그 무렵 우리 모습을 그려 본다. 하지만 우리는 100년 전 독서 문화를 거론하기도 민망하다. 일본어를 국어로 상용하다가 광복 후 한글을 본격적으로 쓴 지 이제 겨우 70년 남짓 되었으니 말이다. 일본이 엄청난 물량의 텍스트를 국민들에게 제공하던 1세기 전, 우리에게는 언문일치의 모국어 텍스트가 '사실상' 존재하지 않았다.

우리의 독서 국민은 언제 탄생했을까? 1970년대와 1980년대에 대학을 다닌 이른바 7080세대가 진지한 책 읽기에 익숙했던 첫 세대라고 할 수 있다. 그들은 운동을 위한 이론 학습 과정을 통해 체계적인 독서 훈련을 쌓았으며, 계간지와 사회과학 서적의 홍수 속에서 삶의 길은 책에 있음을 몸으로 실감했다. 이들은 학창 시절 '도서관 이쪽 끝에서 저쪽 끝까지 다 읽어 내고 말리라'고 다짐하거나, 바로 그렇게 사는 선배와 친구들을 존경과 경탄의 눈으로 바라본 경험이 있는 세대다. 하지만 뒤늦게 형성된 독서 습관은 단절 직전 상황이다. 인터넷과 스마트폰에 빠진 젊은 세대는 바야흐로 비非독서 국민으로 거듭나고 있는 중이다. 시들어 가는 활자 문화 속에 어렵사리 등장했던 독서 인구마저 속절없이 멸종되고 마는 것 아닌가 걱정이다.

독서 과잉을 우려한 18세기 유럽

일본을 봤으니 서양은 어떠했는지 볼 차례다. 일본이 19세기에 시작했다면 유럽은 18세기에 출발했다. 18세기 유럽에서는 범람하는 인쇄물로 인해 엘리트 계층 사이에 위기의식이 고조되었다. 뜻밖에도 그것은 독서 과잉 때문이었다. 엘리트들은 독서의 보편화, 특히 하층민의 독서량 증가가 가져올 위험을 우려했다. 자유주의 정치철학의 비조鼻祖인 존 로크(1632~1704)도 가난한 사람들에게 글을 가르치는 것을 반대했다. 글을 읽어 봤자 자신의 비참한 처지를 깨닫게 될 뿐이라 생각했기 때문이다. '무지'는 자비로운 하나님이 하층민의 비참을 덜기 위해 내려 주신 아편이었다.

지나친 독서는 마치 오늘날 지나친 텔레비전 시청이 일종의 문화적 해악으로 여겨지는 것과 다름없는 두려움을 일으켰다. 독서의 보편화를 개탄하는 사람들은 독서가 공중보건을 해칠 것이라고 우려했다. 18세기 말의 한 기록은 과도한 독서가 신체에 미치는 해악으로 감기, 두통, 시력 감퇴, 발진, 구토, 관절염, 빈혈, 현기증, 뇌일혈, 폐 질환, 소화불량, 변비, 우울증 등을 열거했다.

그러나 이런 모든 우려에도 독서 열기의 확산은 좀처럼 멈출 줄 몰랐다. 1800년경에 이르러 서유럽인은 대단히 집중적으로 독서를 하고 있었고, 책 읽기와 출판의 광범한 증가 속에 서유럽은 독서 문화의 황금기를 구가했다.

우리는 지난 반세기 동안 서양이 300년, 400년에 걸려 이룩한 업적을 달성했다. 숨 가쁜 압축 고도성장이었다. 기적과도 같은 경제성장이 있었고, 반도체 등 몇몇 분야에서는 세계 최고 수준을 달리게 되었다. 하지만 안타깝게도 독서의 영역만은 성장 과정에서 온전히 생략되었다. 우리 역사에는 18세기와 19세기에 서양이 누렸던 것과 같은 독서 문화의 황금기가 없다. 19세기 일본처럼 독서 국민 탄생의 역사적 경험도 없다. OECD 국가 중 우리의 독서율이 꼴찌 수준에 머무르는 데는 이런 역사적 배경이 가로놓여 있는 것이다.

여기에는 19세기까지 한자 위주의 문자 생활을 하다가, 20세기 전반 식민지 시대를 겪으며 일본어를 국어로 상용해야 했던 우리 모국어의 슬픈 역사도 한몫했다. 우리가 제대로 한글을 사용한 것은 해방 이후부터였다. 하지만 해방 당시 13세 이상 인구 중 한글을 전혀 읽거나 쓸 줄 모르는 문맹자가 77퍼센트에 달했고, 1950년대까지만 해도 많은 사람이 군대에 입대한 후에야 한글을 익히고 부모님께 편지를 쓸 수 있을 정도였다. 그러니 우리가 본격적으로 모국어 독서를 한 것은 이제 겨우 반세기 남짓에 지나지 않는다.

책은 '수직적 경험'을 제공한다

'꼭 책을 읽어야 하느냐, 요즘은 인터넷을 통해 읽는 텍스트의 양이 엄청난데 책 안 읽는다고 타박할 일이 아니다'라고 말할지도 모른다. 하지만 스벤 버커츠는 『구텐베르크 엘레지』The Gutenberg Elegies에서 인터넷이야 말로 인쇄물이 제공해 주던 '수직적 경험'을 파괴한 주 범이라고 지적한다. 책을 마주 대하고 앉아 있는 경험이 야말로 독자를 사색의 세계로 안내하고 자아를 발견하 도록 도와준다. 만약 소설을 읽는다면 독자는 자신의 정 서나 감정 상태를 주인공과 대조하게 되고, 이렇게 함으 로써 자아에 대한 더 깊은 의식을 얻게 된다는 것이다. 반면 하이퍼텍스트가 제공하는 것은 '수평적 경험'이라 고 할 수 있는데, 이것은 연관된 (또는 연관 없는) 생각 이나 정보를 스쳐 지나치는 경험일 뿐이다. 삶의 깊이나 자아 성찰에 오히려 역효과를 낸다.

　일부 식자들은 디지털 도서인 전자책이 독서에 대 한 접근성을 높이는 방안이 될 수 있을 것으로 기대한 다. 전자책의 장점은 수천 권의 책을 단말기에 넣어 다 닐 수 있는 휴대성과 직접 온라인 전자책 서점에 접속해 콘텐츠를 내려받을 수 있다는 접근의 편이성이다. 하지 만 집에서 새는 바가지가 밖에선 안 샐까? 종이책 안 읽 던 사람이 전자책 쥐여 준다고 읽을까? 있지도 않던 책 읽기 습관이 전자책 있다고 생겨날 리 만무하다. 또 한 가지 난관이 있다. 한글 사용의 역사가 짧은 만큼 한국어 콘텐츠의 양과 질이 영어, 일본어 등 다른 언어권에 비해 터무니없이 빈약하다는 점도 아픈 대목이다.

책 속에 길이 있다고 한다. 책을 통해 길을 찾고 인생을 바꾼 선인들의 사례는 무수히 많다. 독서 문화의 황금기도 독서 국민의 탄생도 경험한 적 없는 우리 역사의 공백이 이대로 이어진다면 자칫 '길 잃은 영혼'이 넘쳐 나지 않을까 우려된다.

불통의 인문학

2008년 1, 2월은 무척 바빴다. 영문학사상 최고의 시인으로 꼽히는 존 밀턴의 탄생 400주년을 맞아 『밀턴 평전』 출간을 준비하는 데 여념이 없었다. 평생 권력에 굴하지 않고 깨끗한 지조를 지킨 밀턴의 고결한 삶을 모국어로 널리 알리는 것이 밀턴을 공부한 인문학자의 당연한 의무라고 생각했다.

평전을 쓰기로 작정한 것은 1999년 밀턴의 대표 산문 『아레오파기티카』의 완역·주석·연구서를 출간한 즈음이었다. 그 후 약 10년 동안 밀턴의 생애를 정리했다. 초고를 완성해서 출판사에 넘겼지만 노련한 편집자가 송곳처럼 '구멍'을 찾아냈다. 수많은 허점을 확인하자 다급해졌다. 작업 기한은 방학이 끝나는 2월 말까지였다.

혼자 뛴 마라톤 경기

마음이 조급한 이유는 또 있었다. 국내에는 미국 등지에서 밀턴 연구로 박사학위를 받은 쟁쟁한 영문학 교수가 수십 명이나 있었다. 밀턴 탄생 400주년이라는 기념비적인 해에 한국 최초로 밀턴 평전을 독자들에게 선보이는 영예를 다른 사람에게 빼앗기고 싶지 않았다. 게다가 우리나라는 자타가 공인하는 '영어 몰입 국가' 아닌가. 영어를 이토록 사랑하는 국민이라면 밀턴에 열광하지 않을 리 없었다. 그렇다. 이건 '돈도 되는' 책이었다. (알고 보니 엄청난 착각이었지만.)

부지런히 서둘렀으나 원고를 넘긴 것은 3월 말이었다. 편집과 인쇄에 두 달이 더 걸렸다. 마침내 5월 하순, 기다리던 책이 나왔다. 한국 최초로 400주년 기념 『밀턴 평전』을 펴낸 것이다. 마라톤 결승점을 1등으로 통과한 것이다. 비로소 안도감이 밀려왔다. 그때부터 느긋한 마음으로 두 번째 평전이 나오기를 기다렸다. 하지만 달이 가고 2008년 12월이 될 때까지 두 번째 평전 소식은 들려오지 않았다. 마라톤 코스 42.195킬로미터를 허겁지겁 완주했더니 출전 선수가 한 사람뿐이더라는 식이었다. 허전한 독주였다.

인문학 교수들이 독서 대중을 겨냥한 저서 출간에 무관심한 가장 큰 이유는 우리 학계가 저서보다 논문에 인센티브를 훨씬 더 많이 주기 때문이다. 실제로 많은 대학이 저서를 몇 권씩 내도 학술지에 게재된 논문이 아니라는 이유로 연구 점수를 주지 않는다. 연구비 역시 철저히 논문 위주로 지급되고 있다. 논문을 한 편 쓰면 연구비를 2,000만 원 이상도 받을 수 있지만 인문학 저서 한 권의 인세 수입은 기껏해야 연구비의 10분의 1 수준이다. 게다가 저서 한 권 쓸 시간과 노력이면 논문 다섯, 여섯 편은 족히 쓸 수 있으니, 경제 논리로 따지면 책을 쓸 이유가 전혀 없는 것이다.

저서 한 권 없는 인문학 교수들

독자들이라도 책을 찾아 주면 좋겠지만 그도 여의치 않다. OECD 국가 중 독서율이 꼴찌 수준인 우리 국민의 반응은 시들하다. 도올 김용옥이 『대화』(통나무, 1991)에서 털어놓은 글쟁이의 신세타령이 뼈에 사무친다.

저는 올해(1990년) 일곱 권의 책을 출간했습니다. 그런데 제 주변의 아무것도 모르는 교수들이 절 만나면 뭐라 하는지 아십니까? "야, 넌 교수 때려치우더니 돈 벌었더구나. 책 내기만 하면 얼마나 돈이 쏟아지겠니?" 그러나 인문 서적의 베스트셀러라는 것은 히트 쳐야 1만 권이면 주저앉습니다. 참 실망스럽지요. 4,000원짜리 책 1만 권이면 그 10퍼센트 인세가 400만 원입니다. 이렇게 따지면 1년에 다섯 권의 베스트셀러를 내도 제 수익은 2,000만 원, 팽팽 놀아 처먹는 교수들 1년 월급도 되질 않습니다. 제 어깨는 떨어져 나갑니다.

그나마 1990년이니 1만 권이지 요즘은 사정이 더욱 나쁘다. 1990년대만 해도 인문서 초판을 2,000부, 3,000부 찍었는데 요즘은 500부, 1,000부가 고작이다. 정가 2만 원짜리 책을 1,000권 찍어 봤자 인세 수입은 200만 원이다. 독서 인구는 끝없이 줄어들고 있다.

인문학의 본질은 소통

하지만 제도와 현실이 이렇다고 해서 인문학 교수에게 면죄부가 주어질까? 영문학자 커트 스펠마이어는

『인문학의 즐거움』에서 인문학의 목적은 전문 지식과 일상적 삶의 세계를 연결시키는 것이라고 말한다. '소통'이 인문학의 본질이라는 것이다.

학자들은 논문 한 편 써 봐야 독자는 학술지 심사위원 두어 명뿐이라고 자조적으로 말하곤 한다. 전문가에게도 어려운 글이 대중에게 읽힐 리 없다. 결국 인문학자가 대중과 만날 수 있는 소통의 지점은 '책'일 수밖에 없다. 하지만 대다수의 교수가 상아탑 안에 숨어 대중과 소통하려 노력하지 않는다. 아니, 일부 뜻있는 교수를 제외하면 소통이 왜 필요한지 문제의식조차 갖지 않는다. 제도가 그러니 어쩔 수 없다는 식이다.

그러니 평생 인문학 교수로 지냈다면서 대중과 소통 가능한 저서 한 권 없이 정년을 맞이하는 사람이 부지기수다. 이들을 인문학자라고 할 수 있을까. 재임용과 승진 때문에 논문 위주의 글쓰기를 하지 않을 수 없다는 항변이 나온다. 시스템이 그렇게 되어 있으니 어쩔 수 없다는 것이다. 하지만 시스템에 문제의식을 갖지 않고 남이 닦아 놓은 길만 걷는다면 지식인이라 불릴 자격이 있을까? 평생 틀 속에 갇혀 제도가 시키는 일만 한다면 '인문 기능인'이라고 불러야 하지 않을까. 이들에게 인문학 위기는 인문학 교수의 밥그릇 위기일 뿐이다. 인문학 위기 담론이 무성해지면 위기 극복에 관한 '논문'을 쓰겠다며 '연구비'를 신청하는 난센스가 연출된다. 인문학자에게 논문은 필요조건이지만 그렇다고 충분조건은 아니다. 논문이란 형식 자체가 자연과학 방법론의 영향을 받은 것으로, 인문학의 정체성에 부합하지 않는 측면이 있다는 점도 성찰해야 한다.

인문학 의병

제도적 격려도 없고 독자도 찾기 힘든 현실에서 소통을 위한 인문 콘텐츠 생산에 박차를 가하려면 자기최면이 필요하다. 내 경우는 책 한 권이 국회의원 한 명의 4년 의정 활동과 같은 중요성을 갖는다고 자기암시를 한다. 저·역서가 열 권이면 10선 의원급이다. '서생 주제에' 하며 비웃을 독자가 있을지 모르나, 이렇게라도 의미를 부여하며 자긍심을 불어넣어야 버틸 수 있다.

제도 밖에서 노력을 기울이는 인문학자들은 거칠게 비유하면 '인문학 의병'들이다. 대학 안에도 있고 대학 밖에도 있다. 그들은 소통이야말로 인문학의 위기를 돌파하는 유일한 길이며, 우리 사회의 소프트파워를 향상시키는 최선의 방안이라는 믿음을 갖고 있다. 그들은 누가 시키지 않아도 자발적으로 소통을 실천한다는 점에서 '관군'官軍인 인문 기능인과 구분된다. 한 가지 의문이 든다. 학문 후속세대의 단절이 우려되는 현 상황에서, 얼마 남지도 않은 그들에게 소통의 짐을 떠넘긴 채 나 몰라라 해도 대한민국의 앞날이 창창할까.

인문학 교수가 정녕 독립적 지식인이라면 제도와 현실이 어떻든 독자에게 다가서려는 소통의 노력을 게을리할 수 없다. 기독교에서 그리스도의 성육成肉은 절대자가 지극히 낮은 곳에 임한 사건이다. 지극히 거룩한 분이 소통을 위해 이 땅에 오신 것이다. 소크라테스가 아테네의 광장, 아고라를 누비며 시민들을 찾아다닌 것도 소통하기 위해서였다. 우리 인문학은 소통에 목마르다.

인문학, 지금부터 '새 역사'를 써야

출판평론가 장동석과의 대화

무슨 일이든 코앞에 닥치고서야 하는 게으름 때문에 한 달에 한 번 하는 인터뷰도 항상 허덕거린다. 인터뷰 대상자로 오래전부터 박상익 교수를 생각하고 있었음에도, KTX로 한 시간이면 충분히 갈 수 있는 거리인 대전으로 달려가지 못하고 이메일을 날렸다. 이틀을 넘기지 않고 잘 정돈된 답변이 돌아왔다. 인문학의 새로운 전기를 마련해야 한다는 박상익 교수의 주장은, 말로만 인문학 부흥을 외치는 이들의 그것과는 다르다. 번역이라는 실천적 영역 속에서 박상익 교수는 인문학의 새로운 전형典型을 찾고 있었다. 그간의 인터뷰는 평서형이었지만, 박상익 교수와의 인터뷰는 이메일로 진행되고 전화통화 등으로 보충된 바, 그 전달의 선명성을 위해 높임형으로 작성했다.

우리 인문학, 한마디로 처참하다

장동석(이하 장) — 최근 근황을 먼저 알려 주시기 바랍니다.

박상익(이하 박) — 대학 강의 외에, 2014년에 번역서 한 권과 저서 두 권을 출간했습니다. 아무래도 학기 중에는 힘들고, 주로 방학 때 작업을 했습니다. 번역서로는 1994년에 출간했던 『서양 문명의 역사』를 완전히 개정한 『새로운 서양 문명의 역사/상』(소나무), 저서로는 대중교양 역사서인 『나의 서양사 편력 1,2』(푸른역사)가 나왔습니다. 2016년에는 『성서를 읽다: 역사학자가 구약성서를 공부하는 법』(유유)과 『언론자유의 경전 아레오파기티카』의 전면개정판(인간사랑)을 출간했지요.

장 — 단도직입적으로 묻겠습니다. 최근 인문학의 상황은 어떻다고 보시나요.

박 — 한마디로 처참하지요.

장 — 인문학의 쇠퇴를 두고, 우리나라는 인문학의 부흥을 말할 수 없다고 말씀하신 적이 있습니다. 어떤 심정에서 그렇게 말씀하신 것인지 궁금합니다.

박— 부흥이나 르네상스는 황금시대가 소멸 또는 사망했다가 다시 살아난다는 뜻입니다. 하지만 우리 인문학은 황금기가 없었지요. 모국어에 기반을 둔 인문학은 해방과 더불어 겨우 시작됐으니까요. 그러니 부흥이니, 재생이니 하는 말도 쓸 수 없는 거죠. 우리 인문학은 처음부터 새 역사를 써야 할 시점입니다. 제가 관심을 갖고 있는 번역 문제를 예로 들면, 번역 작업을 통해 텍스트를 축적하지 못한 우리 인문학의 어두운 공백은 오랫동안 후학들에게 부담스러운 짐이 될 것입니다. 번역을 통한 지적 인프라의 확충 문제는 이제 21세기 국가 경쟁력 차원에서 생각해야 합니다.

'틀'에 안주하는 지식 기능인들

장— 그렇다면 인문학 융성을 위해 다져야 할 기본기는 무엇이라고 생각하시나요.

박— 먼저 독서 문화가 뿌리를 내려야 하는데 우리 현실은 뒷걸음질만 치고 있군요. 1990년대만 해도 인문서 초판을 2,000부, 3,000부 찍었는데 요즘은 500부, 1,000부 찍더군요.. 300부 찍는 경우도 봤어요. 점점 더 책을 안 사 본다는 거지요.

게다가 대학교수들은 마치 그리스 신화에 나오는, 올림포스산 꼭대기에 사는 신들처럼 고고한 상아탑에 유폐된 채 대중과 소통하려 하지 않습니다. 아니, 소통이 왜 필요한지에 대한 문제의식조차 없는 것 같아요. 평생 인문학 교수로 지냈다면서 대중과 소통 가능한 저서 한 권 없이 정년을 맞이하는 사람이 대부분입니다. 이런 분들을 과연 인문학자라고 할 수 있을는지 모르겠어요. 제도권 속에서 요구하는 (재임용, 승진, 연구비를 위한) 논문만을 줄곧 쓴다는 점에서 '인문 기능인'이라고 해야 하지 않을까요? 틀에 박힌 지식 기능인들이죠.

장— 출판 영역을 지적해 주셨는데, 『번역은 반역인가』에서 '출판사 사장 대학 총장론'을 펴신 적이 있었죠.

박— 대학은 소속 학생들만을 교육 대상으로 삼지만, 출판사는 불특정 다수의 국민을 대상으로 삼지요. 대학은 특정 연령층의 학생들만 상대하지만, 출판사는 연령에 제한을 두지 않습니다. 그야말로 평생교육을 추구하는 것입니다. 대학이 특례 입학 등의 제도를 도입해 만학도를 받아들이거나 평생교육센터 등을 세운 것은 최근의 일입니다. 그러나 출판사는 출판의 역사가 시작된 이래 이 일을 계속해 오고 있어요. 국민교육, 평생교육의 측면에서 볼 때 출판사는 단연 대학의 기능을 능가하는 선구자예요. 그런데 우리 출판 현실은, 상업주의에 치우쳐 출판의 문화적 차원을 소거해 버리고 장사꾼으로 전락한 출판인들이 비일비재한 상황입니다.

스스로 상아탑에 속한 학자지만 교수 사회에 가하는 박상익 교수의 질타는 매서웠다. 대중과 소통하지 못하는 논문만 써 대는 교수들, 그것마저도 표절 의혹을 달고 사는 교수들이 어쩌면 박 교수는 안타까웠을 것이다. 우리나라 출판 현실을 바라보는 박상익 교수의 평가는 적확했다. 상업주의에 매몰된 출판, 대박과 한탕만이 성행하는 우리 출판계를 박 교수는 연민의 눈으로 바라보는 듯했다. 그러나 희망을 버려서는 안 된다. 이어진 인터뷰에서 박 교수는 인문학과 출판이 사는 길을 조금씩 열어 보였다.

번역이 경쟁력이다

장— 교수님은 인문학의 위기를 번역의 문제와 연관지었습니다. 어떤 연관성을 가지고 있는지 구체적으로 설명해 주십시오.

박 — 인문학이란 기본적으로 글 읽기와 글쓰기라고 봅니다. 그런데 우리의 한국어 콘텐츠는 정말 빈약하지요. 읽을 글이 태부족입니다. 한글은 창제되고 상당히 오랫동안 천덕꾸러기 취급을 받으면서 제 기능을 온전히 수행하지 못했고, 20세기 전반기에는 식민지 지배를 겪으면서 활용할 기회를 놓쳤습니다. 결국 20세기 후반에 들어서야 비로소 제 역할을 하기 시작했죠. 그러기에 번역을 통한 양질의 텍스트 확보가 시급합니다.

다시 강조하지만 온전한 한국어 콘텐츠를 확충하려면 번역이 절실해요. 전 세계 모든 지식과 정보를 모국어로 습득할 수 있도록 하겠다는 포부와 비전이 있어야겠어요. 모국어에 대한 이런 포부와 야망마저도 없다면 이런 나라를 '국가'라고 할 수 있을까요? 이게 나라입니까?

장 — 현재 우리나라 인문학과 번역의 수준은 인근 나라에 비해 어떤 수준이라고 봐야 할까요.

박 — 서구 편향적 교육을 받아 온 우리는 이슬람 문명을 하찮게 보는 경향이 있지만, 이슬람교가 창시된 직후 수백 년 동안 아랍인들은 찬란한 문명을 창조해 냈습니다. 이슬람 문명권은 750년에서 900년 사이에 아리스토텔레스의 모든 저작을 그리스어에서 아랍어로 번역했지요. 622년(헤지라)에 시작된 신흥종교인 이슬람교가 750년에서 900년 사이에 모든 번역을 마쳤으니, 이슬람 기원에서 130년이 경과된 뒤 본격적인 번역 작업을 시작한 것이죠. 모든 것이 체계가 잡히지 않고 어수선했을 이슬람교 초창기에, 창시 후 불과 130년이 지나서 공부 한번 제대로 해 보자고 작심을 했고, 그로부터 150년 만에 작업을 완성했으니 정말 대단한 겁니다. 그들이 아랍어로 번역한 아리스토텔레스 저작을 12세기에 서유럽인이 아랍어에서 라틴어로 중역했고, 그 결과 기독교 신앙과 아리스토텔레스 철학을 결합한 스콜라철학이 등장했지요. 그런데 21세기 우리에겐 아직도 한글 '아리스토텔레스 전집'이 없군요. 아랍보다 1,100년, 서유럽보다는 900년 이상 뒤졌네요.

이런 의미에서 '플라톤 전집'(전34권)이 고대 그리스 철학 원서 강독 모임인 정암학당(학당장 이정호 방송통신대학교 교수) 주도로 이제이북스 출판사를 통해 2007년부터 꾸준히 출간되고 있는 것은 여간 다행스러운 일이 아닙니다.

번역은 사회간접자본

흔히 일본을 '번역 왕국'이라고 하죠. 일본어로 세계의 고급 정보와 지식을 다 습득할 수 있어요. 2008년 노벨물리학상을 받은 마스카와 도시히데 교토산업대학교 교수는 "영어를 못해 물리학을 택했다"고 농담할 만큼 영어와 거리가 먼 인생을 살았어요. 대학원 시험 때 지도교수가 그의 외국어 시험을 면제해 줄 정도였고 평생 외국도 못 나가 여권도 없었습니다. 저는 한국어만 갖고서도 노벨상을 탈 정도가 돼야 선진국 소리를 들을 수 있다고 봅니다.

장─ 현재 번역과 관련해 가장 시급한 현안은 무엇이라고 생각하시나요.

박─ 정부에 번역청 또는 국립번역원 같은 기구를 설립해서 국가 차원에서 대대적인 지원을 해야 합니다. 이웃 나라 일본도 이미 19세기에 그렇게 했습니다. 19세기 말 일본의 메이지 정부는 번역국을 설치하여 국가 주도하에 수만 종의 서양 학술서를 번역했고, 그것은 일본 근대화의 견인차가 되었습니다. '번역을 통한 양질의 모국어 텍스트 확보'라는 관점에서 볼 때 우리는 일본과 견

주어 100년 이상 뒤졌습니다. 일본과 비교하면 우리 번역사에는 '잃어버린 100년'이 가로놓여 있어요. 더욱 심각한 문제는 일본이 이미 19세기에 어마어마한 열정으로 시작한 일을 우리 사회는 지금도 그 필요성조차 제대로 인식하지 못하고 있다는 사실이죠.

장 — 번역의 역할을 학계나 출판계의 지엽적인 논의가 아니라 사회적 차원으로 확대해야 한다는 말씀으로 들립니다.

박 — 나라와 나라 사이의 경쟁이 날로 치열해지는 현대사회에서 한 나라가 갖고 있는 정보의 질과 양은 곧 그 나라의 힘이며 경쟁력입니다. 특히 우리처럼 전적으로 우수한 인적자원에 의존해 나라 살림을 꾸려 가야 하는 처지에서는, 세계 여러 나라에 대한 수준 높은 지식이 절실히 필요합니다. 굳이 『손자병법』을 거론하지 않더라도, 상대방에 대한 정확한 인식은 경쟁에서 이기는 최선의 방책이며, 번역은 세계의 다양한 문화와 전통을 이해하는 최고의 방법입니다. 이런 의미에서 번역 사업은 도로와 항만, 공항의 건설과 마찬가지로 사회간접자본의 범주로 간주해야 한다고 생각합니다.

번역을 학계나 출판의 영역이 아닌 사회적 영역에서, 특히 정부가 주도해야 한다는 박상익 교수의 주장은 오래된 것이었다. 그러나 한국연구재단의 번역지원사업을 제외하고는 이렇다 할 번역 지원책이 없는 현 상황은 암울하기만 하다. 번역 사업이 도로와 항만, 공항 등의 건설과 같은 사회간접자본의 범주로 확대되어야 한다는 주장, 우리 정부는 언제쯤 이를 단순한 주장이 아닌 국가 경쟁력 차원에서 이해할 수 있을까.

번역은 지식정보사회의 민주화 운동

장— 번역을 학문적 성과와 연결해야 한다는 지적은 오래전부터 있어 왔습니다. 학계로 도입이 되지 않고 있는 근본적인 이유는 무엇이라고 생각하십니까.

박— 인문학자들에게 정체성 자각이 없기 때문이라고 봅니다. 자신의 모국어를 튼실하게 만드는 것이 우리 인문학에 얼마나 큰 의미를 갖는지 성찰할 줄 몰라요. 미국이나 독일 등지의 대학원은 외국학(동양학) 연구자들에게 석사·박사학위 논문으로 번역을 허용·장려하고 있습니다. 그렇다면 우리도 외국학을 할 경우 번역을 연구 실적으로 인정해야 마땅하지요. 그런데 그런 주체성에 입각한 사고와 발상의 전환을 할 줄 모르는 것 같아요. 자신이 한국 사람이 아닌 미국 사람이라고 착각하고 있나 봐요.

2005년 7월 5일 문화방송 『PD 수첩』이 우리나라 고위층의 국적 포기 실태에 관한 충격적인 사실을 보도했죠. 대한민국을 주름잡는 고위층 자제들이 대거 포함돼 있었습니다. 연세대학교 의과대학 이병석 학장의 말이 특히 눈길을 끌더군요. 연세대학교 이우주 전 총장의 아들이기도 한 그는 자신의 아들이 만 17세가 되자 국적을 이탈시켰습니다. 백 보 양보해서 아들의 국적은 본인에게 선택권이 있다고 치죠. 그가 아들의 한국 국적을 포기시킨 이유가 걸작입니다. 그는 인터뷰에서 "국가가 발전하고 앞으로 잘될 거라는 믿음과 확신이 있다면 (아들의) 국적을 포기하지는 않았을 것"이라고 이유를 밝혔더군요. 한마디로 이 나라의 '엘리트'들은 자신을 이 나라의 '시민'이 아니라 '난민'으로 여기고 있습니다. 대한민국은 그들에게 사랑하고 보살펴야 할 '조국'이 아니라 '난민촌' 또는 '기지촌'에 지나지 않습니다. 언제라도 걷어치우고 떠날 준비가 되어 있는 것이죠.(산부인과 전문의이기도 한 이병석은 박근혜 대통령의 주치의로 일하기도 했습니다.)

이런 엘리트들이 주류로 군림하고 있는 한국의 현실이 '번역'을 가로막는 가장 큰 걸림돌이라고 생각합니다. 난민이 난민촌에 애정이 있을 수 없는 겁니다. 수단 방법 가리지 않고 단물을 빨아먹다가 조금이라도 조건 좋은 곳이 보이면 냉큼 그리로 옮겨 가는 거죠. 그러는 동안 우리의 조국(그들에겐 난민촌이지만)은 끝없이 피폐해져 가고요.

장 — 언젠가 칼럼에서 번역의 문제를 민주주의와 연관 지어 설명해 주셨는데요. 다시 한 번 설명을 부탁드립니다.

박 — 외국어를 자유자재로 읽고 쓸 수 있는 인구는 극소수입니다. 한국에서 대학 마치고 미국에 가서 박사 학위를 땄다고 해도 영어책을 한국어책처럼 자유자재로 읽을 수 있는 사람은 흔치 않습니다. 한국어 콘텐츠를 확충해서 영어를 잘 몰라도 한국어만으로 전 세계의 고급 지식과 정보를 다 접할 수 있다면 그것은 곧 지식과 정보의 민주화가 되는 거지요.

조건이 여의치 않다고 해서 번역가와 출판인의 책임이 면제되는 것은 아닙니다. 우리는 외세의 침략으로 나라가 위기에 처했을 때마다 의병을 일으켜 위기를 극복한 역사적 경험을 가지고 있어요. 어려운 상황일수록 긍지와 사명감을 가지고 좋은 번역서를 출간하기 위해 최선의 노력을 기울여야 합니다. 출판의 정도를 걸어 모든 국민이 번역의 힘을 만끽하도록 하는 일, 그것은 21세기 지식정보사회의 민주화 운동이며 나라 살리기 운동이라고 할 수 있습니다.

무교회주의적 문제의식

장— 국내파 학자로서(?) 번역에 남다르게 관심을 갖는 연유는 무엇인지 궁금합니다.

박— 이 땅에서 한국인으로서 서양사를 공부해야 하는 의미가 무엇인지를 항상 고민했습니다. 서양사를 공부해도 우리의 시각에서 우리에게 의미 있는 방식으로 하고 싶었습니다. 한국인으로서 정체성에 대한 고민이었죠. 저의 주 전공이 청교도 시인 존 밀턴인데, 밀턴 역시 영국인으로서의 정체성에 대한 고민을 했더군요. 좀 더 근원적으로 파고들자면, 제가 존경하는 20세기 민족주의 기독교 사상가 김교신의 무교회주의에서 영향을 많이 받은 것 같습니다. 무교회주의는 한국인으로서의 정체성에 대한 고민을 치열하게 하는 기독교거든요. 그

누구보다도 기독교 신앙의 토착화에 큰 관심을 갖고 있지요. 밀턴과 김교신은 정체성에 대한 고민이란 점에서 연결이 됩니다. 엄밀히 따지자면 제가 번역을 강조하게 된 배경에는 '무교회주의적 문제의식'이 가로놓여 있습니다. 무교회주의는 '민족주의 기독교'거든요. 대학 시절부터 영향을 받은 무교회주의 기독교로 말미암아 정체성에 대한 고민을 남달리 했던 것 같습니다.

번역이 21세기 지식정보화 사회의 민주화 운동이자 나라 살리기 운동이라는 박상익 교수의 생각은 파격적이면서도 시의적절하다. 그래서 더욱 인문학으로 우리의 눈길을 돌려야 하는 것이다. 출판의 앞길과 인문학의 내일, 나라의 운명을 고민하는 사람이라면 모름지기 박상익 교수의 답변 하나하나를 뇌리에 깊이 새겨 두어야 할 것이다.

밀턴, 칼라일과의 만남

장— 사실 번역이란 또 다른 모국어와 만나는 작업입니다. 문득 영국 시인 존 밀턴을 연구 주제로 삼으신 이유가 궁금합니다.

박— 밀턴은 번역과는 직접 연관이 없습니다만 모국어 콘텐츠를 중시하고 확장했다는 점에서 본보기가 될 만한 인물입니다. 당시의 국제어인 라틴어를 전 유럽에서 최고 수준으로 구사할 수 있었으면서도 작품 활동을 라틴어가 아닌 영어로 했습니다. 라틴어로 작품을 쓰면 전 유럽에서 독자를 얻을 수 있었지만, 그런 기회를 스스로 버리고 변방 언어에 불과했던 영어로 주요 작품을 썼습니다. 모국어에 쏟은 그런 노력들이 있었기에 오늘날 영어가 세계어의 지위에 오를 수 있었다고 봅니다.

장— 밀턴의 삶은 고난과 역경으로 점철되어 있는데, 그 와중에도 언론자유 사상에 관한 고전을 번역해 출간하셨습니다. 『아레오파기티카』에 대해 설명해 주시죠.

박— 밀턴의 아내 메리가 신혼 초기에 친정에 갔다가 돌아오지 않는 사태가 발생합니다. 결혼 당시 메리는 열일곱 살, 밀턴은 서른세 살이었어요. 당시에는 부부 사이에 이 정도 나이 차가 흔한 일이었습니다. 어린 신부가 학구적인 밀턴과의 결혼 생활에 적응을 하지 못하고 친정에 돌아가 복귀하지 않았죠. 남편이 편지를 띄우고 사람을 보내도 돌아오지 않았어요. 마침 둘이 떨어져 있는 사이에 잉글랜드 내전이 발발하죠. 공교롭게도 메리의 친정 집안은 왕당파, 밀턴은 의회파를 지지했습니다. 둘 사이는 더욱 멀어지죠. 적법한 남편이 있음에도 지아비에게서 등을 돌리고 친정 부모에게 돌아간 메리의 행동에 밀턴의 자존심이 커다란 상처를 입었습니다. 이 사건을 계기로 밀턴은 이혼 문제에 대해 진지하게 생각하게 됩니다. 하지만 당시의 잉글랜드 법률은 간통이나 불감증이 아닌 경우 이혼을 허용하지 않았어요. 결혼에서 오로지 육체적 결합만을 문제 삼은 것이죠. 하지만 밀턴이 보기에 결혼은 남녀 간의 영육의 완전한 합일이어야 하므로 정신적 불일치는 당연히 이혼 사유로 인정되어야만 했습니다.

그리하여 밀턴은 육체적 결함은 물론 정신적 결함도 이혼의 사유가 된다는 주장을 주요 내용으로 한 일련의 팸플릿을 출간합니다. 요즘으로 치면 성격 불일치로 인한 이혼을 인정하자는 상식적인 주장이지만 당시에는 파격이었죠. 그런데 혁명 동지였던 장로파가 밀턴의 글을 검열하려고 들자 배신감을 느끼게 되었죠. 청교도혁명은 '자유'를 쟁취하기 위한 것이었는데 혁명 동지였던 장로파가 사상의 자유를 탄압하려 했으니까요. 그래서 밀턴의 『아레오파기티카』는 성경과 그리스·로마의 고전을 자유자재로 인용하면서 사상의 자유, 표현의 자유, 언론의 자유를 강력하게 주장합니다.

장— 토머스 칼라일에도 조예가 깊으십니다. 토머스 칼라일의 철학은 사실 우리 사회에 많이 알려지지 않았습니다. 칼라일의 철학을 간단히 소개해 주시죠.

박— 대학생 시절 칼라일을 탐독했습니다. 가슴이 뜨거워지더군요. 그의 순수, 진실, 도덕성에 이끌렸습니다. 그의 『영웅숭배론』은 영웅과 추종자의 관계를 도덕적인 것으로 봅니다. 영웅(지도자)의 도덕성에 추종자들이 마음에서 우러나는 존경을 바치게 되고, 그것이 진정한 리더십이라는 거죠. 칼라일은 가장 위대한 영웅을 예수라고 봤습니다.

칼라일은 영국에 괴테를 처음 소개한 인물이기도 합니다. 괴테의 『빌헬름 마이스터의 수업시대』를 영어로 번역해 영국 사회에 소개했죠. 또 칸트 이후의 독일 관념 철학에 깊은 영향을 받기도 했는데, 그 결과물이 바로 『의상철학』입니다.

장— 서양사학자로서 칼라일의 철학에 주목하시는 이유는 무엇인가요.

박― 18세기의 반기독교적인 계몽주의 때문에 종교적으로 번민했던 젊은 날의 칼라일에 공감했습니다. 지금은 신앙을 당연시하던 중세가 아니지요. 한 점 의심 없는 확신파들이 난무하는 한국 개신교를 보면 무섭기도 하고 가련하다는 생각도 듭니다. 대학생 시절 이 책을 읽으면서 언젠간 내 손으로 직접 번역해 봤으면 하는 막연한 꿈을 꾸기도 했어요. 그의 사상은 매우 기독교적입니다. 기독교적이면서도 교회의 온갖 형식을 타기하고 본질과 내면성을 중요시하죠. 도덕성을 기독교의 핵심 가치로 내세웁니다. 그는 기독교의 모든 가시적인 의식과 건물 등을 '히브리의 낡은 의상'이라고 평가절하합니다. 낡은 옷은 벗어던지자 그리고 새 술은 새 부대에 넣자, 이런 주장이죠. 이런 점에서 그의 기독교관은 김교신의 무교회주의와도 무척 닮았습니다.

장― 칼라일의 철학이 오늘 우리 사회에 주는 시사점은 무엇일까 궁금합니다.

박― 우리 사회 지도층에 가장 결여된 것이 바로 도덕적 리더십입니다. 이명박, 박근혜 시대를 보면 대통령 자신이 온갖 불법, 탈법, 비리 혐의에서 자유롭지 못하죠. 행정부와 사법부의 부패는 얼마나 심각합니까.

엘리트란 사람들이 겉모습은 번지르르하지만 내면은 시정잡배 수준입니다. 이래서야 진정한 사회적 통합이 요원합니다. 4·19혁명 직후에 나온 최인훈의 소설 『광장』은 한국 기독교의 정곡을 찌릅니다.

외국 같은 덴 기독교가 뭐니 뭐니 해도 정치의 밑바닥을 흐르는 맑은 물 같은 몫을 하잖아요? 정치의 오물과 찌꺼기가 아무리 쏟아져도 다 삼키고 다 실어 가 버리거든요. 도시로 치면 서양의 정치사회는 하수도 시설이 잘돼 있단 말이에요. 사람이 똥오줌을 만들지 않고 살 수 없는 것처럼, 정치에서도 똥과 오줌은 생겨나지요. 거기까지는 좋아요. 하지만 하수도와 청소차를 마련해야 하지 않아요? 한국 정치의 광장에는 똥오줌에 쓰레기만 가득 쌓였어요.

서양은 기독교가 정치의 쓰레기를 정화시켜 주는데 한국 교회는 교리와 형식과 제도에 치우쳐 본질을 놓치고 있지요. 그러니 도덕성을 기독교의 핵심으로 파악한 칼라일이야말로 우리 시대에 꼭 필요한 인물이지요.

박상익 교수는 2008년 5월 『밀턴 평전』을 내놓으

면서 머리말에 이렇게 적었다.

나는 '이 땅에서' 밀턴을 공부한다는 것의 의미를 고민
해 왔던 사람으로서 우리 현실에 대해 약간의 의무감
을 가지고 있었다. 밀턴 탄생 400주년을 맞이하여 상
아탑 안에 갇힌 밀턴의 아름다운 삶과 사상을 끄집어
내어 모국어인 한국어로 젊은이들과 공유하고 싶었다.

박 교수는 밀턴의 삶과 사상이 난쟁이와도 같은 우
리 모두가 딛고 올라설 '거인의 어깨'가 되길 바랐다. 시
대를 아우를 스승이 없는 시대, 그는 밀턴을 이 땅의 젊
은이들에게 소개하며 함께 인문학의 새로운 시작을 위
한 발걸음을 떼자는 것 같다. 박 교수에게 보낼 이메일
질문지를 준비하며 대전에서 함께 낮은 산을 등반하며
나눴던 책과 출판에 관한 이야기들, 인사회(인문사회과학출
판인협의회)에서 초청받아 행했던 서울의 인문학 강좌를 생
각했다. 또한 내가 일하던 잡지에, 그토록 싼 원고료를
받으면서도 싫은 내색 한 번 하지 않고 옥고를 전해 주
던 정성도 생각했다. 박 교수의 건필을 빈다.

『기획회의』 274호(2010.6.20)에 수록된 글을 수정·보완했다.

맺음말: 나의 역사적 알리바이

내가 번역 문제에 진지한 관심을 갖게 된 것은 20대 초 대학 시절 고전독서회에서 단테의 『신곡』을 읽으면서부터였다. 이탈리아어를 읽을 수 없어서 정평 난 영역본 몇 종류를 구해 우리말 번역본과 함께 읽었다. 내가 읽은 우리말 『신곡』은 이탈리아에서 박사학위를 받고 서울의 어느 대학 이탈리아어과에 재직하고 있던 교수님이 번역한 것이었다.

명사들의 마각을 보다

그러나 몇 종류의 영역본과 우리말 번역을 대조하여 읽으면서 실망을 금할 수 없었다. 페이지를 넘길 때마다 눈에 띄는 말도 안 되는 오역, 졸역 때문에 도저히 내용 파악이 불가능할 지경이었다. 평범한 일개 대학생 주제에 저명 대학교수가 번역한 책에서 숱한 오역, 졸역, 비문을 발견한 느낌은 한마디로 '충격과 경악'이었다. 그리고 그것은 곧장 극심한 '배신감'으로 연결되었다. 교수니, 박사니, 지식인이니 하는 잘난 명사들의 마각을 본 셈이었다.

1985년 김용옥 교수의 『동양학 어떻게 할 것인가』(민음사)가 출간되었다. 책이 나오자마자 서점에서 초판 1쇄를 사 들고 와 밤새워 게걸스럽게 읽었다. 내가 보기에 이 책의 핵심 주제는 '동양학'이라기보다는 '번역'이었다.

번역을 토대로 하지 않은 모든 지적 활동은 공중누각에 불과하다. 제아무리 훌륭한 논문을 썼다 하더라도, 관계된 고전의 번역이 없이는 그 논문이 전개한 아이디어는 우리 문화 속에 축적되어 가지 아니한다. 그것이 뿌리를 내릴 수 있는 토양이 없기 때문이다. (……) 우리가 서양을 한 세기를 접했다고 하면서, 아리스토텔레스나 플라톤 전집의 권위 있는 번역 하나가 존재하는가? (……) 지금까지의 논리 전개는 우리나라 학계에 고질화되어 있는 번역 경시의 통념을 광정匡正하자는 데 초점이 있다. (……) 제아무리 영어 도사들이 속출해도 그들이 유려한 우리말로 그들의 학식을 표현할 수 없는 한 그들은 '우리' 문화와는 아무런 관계가

없다.(34-36쪽)

평소 답답하게 생각했던 문제를 속 시원하게 밝혀
주는 내용이었다. 읽으면서 무릎을 치지 않을 수 없었
다. 김용옥 교수는 여기에서 한 걸음 더 나아가, 번역을
학문적 성취의 영역에서 아예 제외해 놓는 우리 학계 관
행의 부당성을 지적했다. 그가 보기에 이것은 우리 학
계의 '무지와 후진성을 드러내는 수치스러운 악습'이었
다. 그러므로 그는 각 대학의 동양학 부문에서 나오는
석사·박사학위 논문을 번역 위주로 지도해 줄 것을 제
안한다. 번역으로 석사·박사학위를 주는 것은 일본은
물론이고 서양의 여러 대학에서도 지극히 상식으로 받
아들여지고 있다는 것이다. 그는 구체적으로 자신이 수
학한 하버드대학교에서도 동양학 관계 박사학위 논문의
반 이상이 번역으로 점유되고 있다고 밝힌다.

박사학위 논문에 번역 더하기

나의 박사학위 논문은 밀턴의 『아레오파기티카』에
관한 연구다. 대학 시절 고전독서회에서 밀턴의 『실낙
원』을 흥미롭게 읽었고, 사학과 출신이지만 한때 대학

원에서 영문학을 전공할까 하는 생각도 해 본 적이 있다. 결국 서양사로 전공을 정했지만, 역사학을 공부하면서도 줄곧 문학, 종교 쪽을 곁눈질해 왔던 터라 밀턴 산문의 최고봉인 『아레오파기티카』를 논문 주제로 정한 것이다. 평소 번역에 문제의식을 갖고 있던 데다 김용옥 교수의 영향까지 받았기에, 나는 박사 논문을 쓰게 된다면 당연히 해당 텍스트의 번역 작업도 함께 진행하겠노라고 내심 작정하고 있었다.

어차피 논문 작성 전 단계에서 원문 번역 및 철저한 주석 작업은 필수 불가결했다. 논문을 작성하려면 텍스트를 철저히 이해해야 했고, 번역·주석 작업 이상으로 텍스트를 잘 이해하는 방법은 없다고 보았기 때문이다. 그러므로 나의 작업 순서는 다음과 같았다. 먼저 1차 자료인 밀턴 텍스트를 초벌 수준으로 번역하고 주석을 달면서, 동시에 2차 자료들(밀턴의 『아레오파기티카』에 대한 영미 학자들의 저서 및 논문)을 수집하고 읽었다. 2차 자료를 읽는 과정이 주석을 풍부하게 하는 데 큰 도움이 된 것은 물론이다. 그런 다음 학위 논문을 써서 통과시켰다.

일단 학위 논문을 마친 후, 다시 여러 해 동안 번역의 완성도를 높이는 일에 매달렸다. 번역 작업은 난공

사 중의 난공사였다. 4세기 전 영어라서인지 현대 영어
와는 문법, 어휘가 달라도 너무 달랐다. 『타임』, 『뉴스
위크』 등 영자 시사주간지를 읽는 것과는 차원이 달랐
다. 이제껏 읽어 본 영어 중 밀턴의 문장만큼 난해한 것
이 없었다. 밀턴 영어 한 문장을 우리말로 옮기기 위해
아침부터 밤까지 하루 종일 매달려야 했던 경우도 적지
않았다. 이렇게 해서 번역·주석·연구의 세 박자를 갖춘
『언론자유의 경전 아레오파기티카』(1999)가 나오게 되었
다. (2016년에 '전면개정판'을 출간했다.)

하나의 텍스트를 가지고 논문 쓰기와 번역 작업을
모두 경험해 본 입장에서 논문과 번역 어느 쪽이 더 힘
들었느냐고 묻는다면, 나는 번역이 더 어려웠다고 답하
고 싶다. 그러므로 나는 논문 쓰기와 번역 작업의 어려
움을 비교한 김용옥 교수의 말에 전적으로 공감한다.

논문을 쓰는 일은 그것에 대한 철저한 지식이 없더라
도 가능하다. 해석이 안 되는 부분은 슬쩍 넘어갈 수도
있고, 또 책을 다 읽지 않더라도 동초서초東抄西抄하여
적당히 일관된 논리의 구색만 갖추면 훌륭한 논문이
될 수도 있다. 허나 번역의 경우는 전혀 이야기가 다르
다. 그 작품의 문자 그대로 '완전한' 이해가 없이는 불

가능하다. (……) 그야말로 에누리 없이 그 번역자의
스칼라십이 완전히 노출된다.

—『동양학 어떻게 할 것인가』, 39쪽

기지촌 지식인 근성과 한국어의 미래

우리나라에서 현재 행해지고 있는 국가 차원의 번
역 지원은 1998년부터 시행되기 시작한 한국연구재단
의 동서양 명저번역지원사업이 전부다. 2002, 2003,
2004년에는 예산이 15억 원씩 책정되다가 2005년에
는 2억이 늘어 17억 원으로 증액되었다. 선정된 과제
수는 각각 42건(2002), 52건(2003), 52건(2004)이
었다. 2002년부터 3년간 146건의 과제가 선정되었으
니 해마다 평균 50건의 과제 정도가 예산 지원을 받은
셈이다. 그러나 2017년 현재 명저번역지원사업 예산은
10억 6,300만 원이다. 과제 수는 23건으로 줄었다.

5,000만 국민을 위한 정신적 양식을 생산하는 데
투입되는 정부 1년 예산이 서울 강남의 아파트 전셋값
이다. 대폭 늘어도 시원치 않을 판에 크게 축소되기에
이르렀다. 그나마 없는 것보다는 낫지 않느냐고 할 수도
있겠지만, 일본이 19세기 말 메이지유신을 전후하여 정

부에 번역국을 설치하고 수천 종의 서양 고전을 정책적으로 지원하여 번역하던 것과 크게 비교된다. 이건 심하게 말하면 '거지에게 동전 몇 푼 쥐어 주는 식'이다.(일본이 19세기 말에 번역한 서양 고전 중 아직도 우리말로 번역 안 된 책이 수두룩하다.)

오늘날 우리나라 지식인 중 상당수가 우리 언어로 만들어진 문화를 꽃피우는 데 큰 관심을 보이지 않는 것 같다. 이런 태도는 문화적 패배주의에 기인한 것으로 보인다. 모국어로 독자적인 우리 문화를 꽃피워 세계 역사에 기여하려는 의지를 찾아보기 힘들다. 제국의 문화적 변방에 머무는 것으로 만족하면서, 주체에 대한 성찰 없이 중심권 문화에 동화되지 못해 안달하는 듯한 모습이다. 기지촌 지식인 근성이라고 표현해도 좋을 듯싶다. 문제는 이런 태도가 우리 사회의 잘나간다는 소위 주류 지식인들 사이에 차고 넘친다는 점이다.

2005년 4월 12일 오후 서울 플라자호텔 별관에서 개최된 'LG경제연구원' 창립 19주년 세미나에는 서울대학교 송병락 명예교수와 재정경제부 박병원 차관보 그리고 베인앤드컴퍼니 한국지사 이성용 대표가 패널로 초청됐다. 세 사람 모두 우리나라의 소위 상류층과 주류를 대표하는 친재벌적 관료와 학자들이다. 이날 송병락 교수와 박병원 차관보에 이어 세 번째 토론에 나선 이성용 대표는 대담한 주장을 펼쳤다. 미국 하버드대학교 MBA를 거친 이성용 대표는 '한국에서 서비스 산업이 잘 육성되지 않는 이유는 언어 문제 때문'이라고 진단하면서 영어 공용화의 필요성을 역설했다. 그는 만약 영어 공용화가 이뤄지지 않으면 한국의 IT서비스 산업은 '국제시장에 들어갈 수 없을 것'이라고 전망하기도 했다. 뿐만 아니라 '앞으로 100년을 내다본다면 한국어는 경쟁력이 없다'고 놀라운 주장을 하기도 했다.

'앞으로 100년을 내다본다면 한국어는 경쟁력이 없다'는 말이 마치 모국어에 퍼붓는 저주처럼 들린다. 동시에 그의 지적이 정확하게 우리의 미래를 꿰뚫어 보고 있는 것 아닌가 하는 섬뜩한 느낌이 든다. 사실 특단의 조치 없이 현재의 상황이 지속된다면 100년 후의 한국어는 이성용 대표의 주장대로 십중팔구 경쟁력을 잃고 말 것으로 전망되기 때문이다.

번역, 사기는 치지 말자

나는 인류의 고전적인 텍스트를 우리말로 바꾸어 우리의 고전으로 편입시키는 작업이야말로 우리 시대의 인문학 연구자가 할 수 있는 가장 가치 있는 일이라고 생각한다. 외형적으로는 눈부신 발전을 거듭하는 것처럼 보이지만 공동체를 유지하고 지탱해 줄 텍스트를 찾아보기 힘든 우리의 현실을 미루어 볼 때, 고전 문헌에 대한 연구와 더불어 번역·주석 작업이 균형감 있게 나란히 진행되어야 한다고 믿는다.

현 단계에서 번역을 활성화할 수 있는 방법은 인문 번역의 의병 운동뿐이라고 생각한다. (자연과학 쪽의 번역 실태는 인문학보다 더 심각하다고 하지만, 이 문제는 논외로 하겠다.) 임진왜란 때 왕과 조정이 백성들을 버리고 도망쳤을 당시 나라를 구한 것은 각지에서 일어난 의병들이었다. 의병 이야기를 하고 보니 김구 선생의 『백범일지』가 생각난다. 백범이 명성황후를 살해한 일본군 장교를 죽이고 감옥에 갇혀 있을 때 의병 운동을 하다 잡힌 수많은 사람을 만나게 된다. 그런데 의병 지휘관을 했다는 자들이 감옥 안에서 하는 행동거지를 보니 그들 대부분이 도적놈과 다를 바가 없더라는 것이었다. 그래서 백범은 개탄한다. "저런 도적놈들이 의병이라고 나섰으니 어떻게 일본군을 이길 수 있었겠는가" 하고 말이다.

요컨대 의병을 해도 제대로 해야겠다는 말이다. 아

무리 대접을 못 받는 번역 일이라지만 독자들은 오로지 결과물로 번역자를 판단하기 때문이다. 무성의한 번역을 함부로 출간할 수는 없다는 말이다. 여러 해 전 여론을 뜨겁게 달구었던 한 여성 아나운서의 대리번역 논란이 이 경우에 포함된다. 인기인을 앞세운 전형적인 스타 마케팅이다. 일반 독자들은 이 사건을 충격적으로 받아들였지만 이 바닥에서는 새삼스러울 것도 없다. 출판에 관심 있는 사람이라면 누구나 잘 알고 있는, 지금 이 순간에도 공공연히 벌어지고 있는 매우 흔한 일이기 때문이다. 대학교수가 원서 한 권을 여러 토막으로 나누어 대학원생들에게 번역시킨 다음 제대로 검토도 하지 않고 주섬주섬 긁어모아 버젓이 교수 이름으로 출판하는 관행은 어제오늘의 일이 아니다. 오죽하면 텔레비전에 자주 얼굴을 비치는 유명 교수가 번역한 책은 일단 대리번역을 의심하라는 말까지 생겼겠는가.

출판, 그것은 사업은 사업이되 문화 운동과 장사라는 두 개의 바퀴로 굴러가는 좀 특이한 사업이다. 문화 운동에만 치우치면 수지를 맞추지 못해 망하기 일쑤지만, 그렇다고 장사에만 치우치면 지식 정보 제공의 사명을 지닌 출판인의 자존심을 찾을 길이 없다. 그래서일까. 저급한 상업 출판으로 번 돈을 부끄러워한 나머지,

돈 안 되는 인문 출판에 기꺼이 투자하려고 하는 출판인도 더러 있다. (흔히 인문 출판은 출판의 꽃이라 하지 않던가.) 이렇듯 출판은 장사는 장사로되 사명감과 자긍심을 잃어서는 안 되는 쉽지 않은 사업이다.

이런 식으로 말하면 '단군 이래 최악의 불황에 빠져 있는 출판 현실을 알고나 하는 소리냐', '영세 출판인의 살아남기 위한 발버둥을 한가한 사명감 타령으로 매도하지 말라'고 볼멘소리할 출판인도 있을 것이다. 하지만 좋다. 백 보 양보해 문화적 사명이니 뭐니 고상한 소리 걷어치우고, 출판 사업은 오로지 돈벌이를 위한 장사일 뿐이라고 치자. 요즘은 농산물, 공산품에도 원산지 표시가 의무로 되어 있다. 오래전 한·미 FTA 협상 과정에서 개성공단 제품의 원산지 표시 문제가 부각된 것도 이것이 상거래의 기본에 속하기 때문이다.

그렇다면 자기가 번역하지도 않은(또는 부분적으로만 기여한) 책에 버젓이 자신의 이름을 내걸고 출판하는 행위는 무엇이란 말인가. 위조 상표를 붙인 짝퉁 상품과 조금도 다를 바가 없다. 그러므로 독자들이 제시하는 요구 조건은 딱 하나다. 저잣거리에서 통용되는 상거래의 기본이라도 지켜 달라는 것이다. 상도의는 지켜야 할 것 아닌가. 돈벌이, 장사, 다 좋다. 하지만 사기는 치지 말자.

분노와 절망
———————

『번역은 반역인가』는 우리 번역 문화에 본격적으로 문제를 제기한 최초의 책이라 할 수 있다. 이 책 최종 편집 단계에는 숨은 이야기가 있었다. 그중 둘만 소개한다.

첫 번째 이야기. 책의 편집이 다 끝난 후 편집자가 전화를 해 왔다. 표지 디자인을 맡기는 단계인데 디자이너에게 책의 콘셉트를 한마디로 뭐라고 전달하면 좋겠느냐는 것이었다. 나는 조금도 망설이지 않고 즉각 대답했다. "분노!"라고. 한글이 자랑스럽다고 떠들어 대면서 그에 상응하는 한국어 콘텐츠 확충에는 전혀 무관심한 우리 사회의 이중성에 대한 분노가 이 책의 집필 동기였기 때문이다.

두 번째 이야기. 편집 마무리 단계에서 편집자에게 다급한 연락이 왔다. "책 내용이 너무나 비관적이고 절망적이다. 독자들에게 희망을 보여 주는 마무리 글이 꼭 필요하니 즉시 보내 달라"는 부탁이었다. 사실 책의 초고를 써 내려가는 내내 나를 엄습한 감정은 '분노'와 '절망'이었다. 하지만 편집자의 요구는 정당한 것이었다. 그래서 책 말미에 이 나라에서 번역과 인문학의 앞날에 희망의 불꽃이 꺼지지 않기를 바라는 간절한 심정을 담아 서둘러 다음과 같은 글을 덧붙였다.

번역가를 꿈꾸는 젊은 인문학도들에게

아무리 풍토가 척박하고 조건이 나쁠지라도 절망은 금물이다. 덴마크의 한 철학자가 말했듯이, 그것은 '죽음에 이르는 병'이기 때문이다. '일을 하려 해도 여건이 허락지 않아서'라고 말하는 것은 핑계다. 또 '때가 오면'이라고 말하는 것도 자기 임무를 도피하는 수작일 뿐이다. 이 책을 마무리하면서 번역을 통한 텍스트 생산에 뜻을 품은 이 땅의 젊은 인문학도들에게 부디 용기를 잃지 말고 힘을 내라는 뜻에서 다음과 같은 격려의 말을 드리고 싶다.

1.
번역은 한국어 사용권에 존재하지 않는 텍스트를 존재하게 만드는 가치 있는 행위다. 그것은 '무'에서 '유'를 창조하는 일이다. 좋은 책 한 권을 번역한다는 것은, 한국 사회라고 하는 거대한 동굴에 등불 하나를 밝히는 일과도 같다. 좋은 번역서 한 권이 국회의원 한 명의 4년 임기 의정 활동보다 더욱 큰 가치를 가질 수 있다는 자부심과 긍지를 가지고 이 일에 임하도록 해야 할 것이다.

2.

번역가는 먼저 독립적 사고 능력을 지닌 지식인이 되어야 한다. '이 땅에서' 공부하는 것이 무슨 의미인지를 고민해야 한다. 학연, 지연, 정실에 의지하여 인생을 도모하려는 정신 자세로는 번역 작업을 수행해 나갈 수 없다. 오직 글쓰기 능력과 출판된 결과물에 의해서만 엄정한 평가를 받겠다는 자세로 철저한 직업 정신을 견지해야 한다. 관심 분야에 대한 꾸준한 독서를 게을리해서는 안 된다. 무식유죄無識有罪, 유식무죄有識無罪임을 잊지 말자.

3.

번역가는 편집자와 긴밀한 관계를 유지하면서 도움을 적극적으로 요청할 줄 알아야 한다. 독립적 사고를 하라는 것은 편집자의 적절한 도움마저 뿌리치라는 것을 의미하지는 않는다. 약점 없는 인간 없듯이 결점 없는 번역도 없다. (너 자신을 알라!) 편집자는 번역가의 한계를 극복하게 해 주는 최선의 동지이며, 번역 결과물의 수준을 끌어올려 주는 고마운 동료다. 번역가의 평가는 오직 '결과물'에 의해서만 이루어진다는 사실을 다시 한 번 명심하자.

4.

쓰고 또 쓰고, 고쳐 쓰고 또 고쳐 쓰는, 이마에 땀 흘리는 수고를 마다하면 안 된다. 번역에는 왕도가 없다. 궁극적으로 정성이며 성의다. 지성이면 감천이다. 좋은 번역어를 찾기 위해 사전 찾기를 게을리하지 말 일이다. 일단 번역한 문장은 읽고 또 읽으면서 문장의 흐름이 제대로 이어지는지, 접속사는 적절히 사용되었는지 부단히 검토하라. 문장의 리듬을 살리기 위해 소리 내어 읽어 보는 것도 좋은 방법이다.

5.

번역가는 기본적으로 독서인이어야 한다. 자신만의 개인 도서관을 만들어 관심 분야에 대한 책을 꾸준히 사모으고 책 읽기를 삶의 가장 소중한 부분으로 여길 수 있어야 한다. 인문학이란 가장 근원적으로 보자면 결국 글 읽기와 글쓰기다. 읽기(input) 없이는 쓰기(output)가 나올 수 없다. 공자는 '호지자불여락지자'好之者不如樂之者라고 했다. '좋아하는 것은 즐기는 것만 같지 못하다'는 말이다. 좋아하는 것으로는 2퍼센트 부족하다. 책 읽기를 즐겨라.

6.

낭중지추囊中之錐란 말이 있다. 능력과 재능이 있는 자는 언젠가는 인정받을 날이 오고야 만다. 번역가가 그 하는 일의 중요성에 비해 터무니없이 낮은 대우를 받고 있는 것이 오늘날의 엄연한 현실이다. 아니, 번역 그 자체가 천덕꾸러기 대접을 받고 있다. 그러나 비관할 일만도 아니다. 한국 사회가 멸망하기로 작정을 하지 않은 이상 번역과 번역가에 대한 대우가 현 수준에서 머물 수는 없다. 한국은 망하지 않는다. 끝까지 정도를 걸어라. 합당한 대우를 받는 날이 올 것이다.

7.

인문학을 전공하는 대학원생이라면 논문 작성 과정에

서 자신이 연구하는 텍스트를 읽지만 말고 번역·역주 작업을 동시에 진행해 주기 바란다. 논문 쓰기보다 훨씬 더 많은 시간이 소요되는 일이지만, 그렇게 해야만 논문의 차원을 뛰어넘어 본격적인 학술 단행본 출판으로 이어질 수 있다. 그와 함께 필경 논문의 수준도 더불어 올라갈 것이다. 이렇게 청년 인문학도들의 개인적인 노력이 집적될 경우 그들이 중견 학자로 성장한 후에는 우리 대학원의 학풍에도 조금씩 변화가 나타날 수 있을 것이다. 티끌 모아 태산이다!

편집자의 요청에 따라 작성한 글이지만, 마른행주를 쥐어짜는 심정으로 우리 인문학과 번역에 대한 간절한 소망을 표현했다. 그 후 10년 넘는 세월이 흘렀으나 당시 느꼈던 '분노'와 '절망'은 틀리지 않았던 것 같다. 강남 아파트 '한 채 값'에서 '전셋값' 수준으로 전락한 한국연구재단의 지원금 규모가 단적으로 보여 준다. 참담하다.

역사적 알리바이 만들기

우리는 때로 못난 조상을 탓했다. 특히 20세기 초 나라를 통째로 빼앗긴 선조들의 무지와 무능을 개탄하곤 했다. 하지만 이제 역사의 수레바퀴는 돌아갔다. 공은 우리에게 넘어왔다. 후손들에게 우리가 어떤 조상으로 평가받을 것인지를 고민할 때가 온 것이다. 누군가의 말처럼 100년 후 한국어가 경쟁력을 잃게 될 경우, 후손들이 지금의 우리를 못난 조상으로 지목하지나 않을까 걱정스럽다.

오랫동안 가슴속에 품고 있던 번역에 관한 생각을 책으로 묶어 2006년 『번역은 반역인가』를 출간했다. 그로부터 12년이 지난 후, 악화일로로 치닫는 우리의 번역 환경을 지켜보면서 다시 『번역청을 설립하라: 한 인문학자의 역사적 알리바이』를 출간한다. 나는 조직에 휩쓸리기를 거부하는 개인주의자다. 번역 문제와 관련하여 어떤 단체나 유력자의 힘에 의존할 배경도 없고 그럴 의향도 없다. 오직 한 개인으로서 직접 독자 대중에게 호소해 보려는 의도로 책을 쓴 것이다. 집필하는 동안, 한편으로는 이 책을 통해 번역 문제가 우리 사회의 진지한 의제로 다루어졌으면 좋겠다는 야무진 희망도

품어 보았지만, 다른 한편으로는 과연 책 한 권으로 어떻게 도도한 흐름을 바꿀 수 있겠는가 하는 압도적인 회의가 밀어닥쳤다.

하지만 나의 집필 작업이 마냥 무의미하지는 않으리라는, 오기 비슷한 것이 불끈 생긴 것도 사실이다. 이 책이 적어도 역사적 알리바이 만들기는 될 수 있겠다는 판단이 들었기 때문이다. 적어도 이 시대에 모국어를 저주하고 망치는 자들의 대열에 서기를 거부한 사람이 있었다는 물증 하나는 후대에 남길 수 있겠다는 생각이 든 것이다. 우리가 아무리 못났어도 100년 뒤 후손들에게 손가락질당하는 꼴은 면해야 할 것 아닌가. 어쭙잖지만 이것이 내가 생각하는 역사의식이다.

어느 곳에서든지, 너희를 영접하지 않거나, 너희의 말을 듣지 않거든, 그곳을 떠날 때에 너희의 발에 묻은 먼지를 떨어서, 그들을 고발할 증거물로 삼아라.
— 「마가복음」 6장 11절

이 책의 편집이 다 끝난 후 편집자가 연락을 해 왔다.
표지 디자인을 맡기는 단계인데 디자이너에게 책의 콘셉트를
한마디로 뭐라고 전달하면 좋겠느냐는 것이었다. 나는
조금도 망설이지 않고 즉각 "분노!"라고 대답했다. 한글이
자랑스럽다고 떠들어 대면서 그에 상응하는 한국어 콘텐츠
확충에는 무관심한 우리 사회의 이중성에 대한 분노가
이 책의 집필 동기였기 때문이다.

번역청을 설립하라:
한 인문학자의 역사적 알리바이

2018년 1월 14일 초판 1쇄 발행

지은이
박상익

펴낸이	**펴낸곳**	**등록**
조성웅	도서출판 유유	제406-2010-000032호(2010년 4월 2일)

주소
경기도 파주시 책향기로 337, 308-403 (우편번호 10884)

전화	**팩스**	**홈페이지**	**전자우편**
070-8701-4800	0303-3444-4645	uupress.co.kr	uupress@gmail.com

페이스북	**트위터**	**인스타그램**
www.facebook .com/uupress	www.twitter .com/uu_press	www.instagram .com/uupress

편집	**영업**	**디자인**
안희주	이은정	이기준

제작	**인쇄**	**제책**
제이오	(주)민언프린텍	(주)정문바인텍

ISBN 979-11-85152-75-2 03900

이 도서의 국립중앙도서관 출판예정도서목록(CIP)은 서지정보유통지원시스템
홈페이지(seoji.nl.go.kr)와 국가자료공동목록시스템(www.nl.go.kr/kolisnet)에서
이용하실 수 있습니다.(CIP제어번호: CIP2017034546)

성서를 읽다
역사학자가 구약성서를 공부하는 법

박상익 지음

『어느 무교회주의자의 구약성서
읽기』 개정판. 한반도에서 사는
지금의 우리는 서양의 정신과
제도의 영향을 받으며 살아간다.
당연히 서양 문명의 뿌리 중 하나인
헤브라이즘을 모르고는 우리의
상황을 온전히 이해할 수도, 미래를
설계할 수도 없다. 조선 후기부터
천주교의 형태로 헤브라이즘의
영향을 받기 시작한 한반도에
20세기 초에는 개신교 형식의
헤브라이즘이 유입되었고, 광복 후
미국의 압도적인 문화적 헤게모니
속에서 개신교가 폭발적인 성장세를
보였다.

그러나 이런 양적 성장과 비교하면
질적 수준은 향상되지 않았다. 저자
박상익은 서양의 정신적 토대로
역할을 수행한 그리스도교가
한국에 와서 대중의 조롱을
받고 있는 현실을 통탄하면서,
21세기를 헤쳐 나가야 할
한국인에게 서양 정신사의 한 축인
헤브라이즘을 제대로 이해하려는
노력이 필요하며, 이를 위해서는
히브리 종교의 핵심 내용이 담긴
「구약성서」를 제대로 읽어야 한다고
힘주어 말한다.